FUSIÓN

fusión unión de dos o más cosas que libera energía

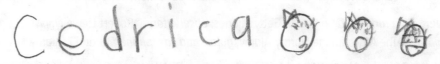
 HOUGHTON MIFFLIN HARCOURT

HOUGHTON MIFFLIN HARCOURT

Autores de consulta

Michael A. DiSpezio
Global Educator
North Falmouth, Massachusetts

Marjorie Frank
*Science Writer and Content-Area Reading
    Specialist*
Brooklyn, New York

Michael Heithaus
*Director, School of Environment and Society
Associate Professor, Department of Biological
    Sciences*
Florida International University
North Miami, Florida

Donna Ogle
Professor of Reading and Language
National-Louis University
Chicago, Illinois

Consultores del programa

Paul D. Asimow
*Professor of Geology and
    Geochemistry*
California Institute of Technology
Pasadena, California

Bobby Jeanpierre
*Associate Professor of Science
    Education*
University of Central Florida
Orlando, Florida

Gerald H. Krockover
*Professor of Earth and Atmospheric
    Science Education*
Purdue University
West Lafayette, Indiana

Rose Pringle
*Associate Professor
    School of Teaching and Learning*
College of Education
University of Florida
Gainesville, Florida

Carolyn Staudt
Curriculum Designer for Technology
KidSolve, Inc.
The Concord Consortium
Concord, Massachusetts

Larry Stookey
Science Department
Antigo High School
Antigo, Wisconsin

Carol J. Valenta
*Senior Vice President and Associate
Director of the Museum*
Saint Louis Science Center
St. Louis, Missouri

Barry A. Van Deman
President and CEO
Museum of Life and Science
Durham, North Carolina

¡Energízate con Fusión!

Este programa fusiona...

Aprendizaje electrónico y laboratorios virtuales

Actividades diversas y de laboratorio

Libro del estudiante para escribir

... y genera nueva energía en el científico de hoy: ¡tú!

Libro del estudiante para escribir

¡Las actividades STEM del programa!

¡Haz de este libro tu amigo, como todo buen lector!

Es tu movin...

Los objetos se mueven de varias maneras. Pueden moverse en línea recta, en zigzag, hacia adelante y hacia atrás, o en círculos.

▶ Traza una raya sobre las líneas punteadas de abajo para mostrar cómo se mueven los objetos.

Escribe tus ideas, responde las preguntas, toma apuntes y anota los resultados de cada actividad en estas páginas.

en línea recta

en zigzag

hacia adelante
hacia atrás

Aprende conceptos y destrezas de ciencias interactuando con cada página.

v

Laboratorio y actividades

La ciencia está en hacer las cosas.

¿Qué observamos sobre las rocas?

En esta actividad vas a observar, comparar y clasificar rocas.

Materiales
varias rocas pequeñas

① Observa las rocas. ¿En qué se parecen? ¿En qué se diferencian?

② Clasifica las rocas en grupos. ¿Cómo las clasificaste? Escríbelo.

③ Compara los grupos de rocas. Escribe otras maneras de clasificarlas.

Actividades emocionantes en cada lección.

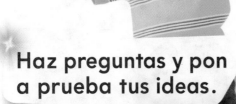

Haz preguntas y pon a prueba tus ideas.

Saca tus conclusiones y cuenta lo que aprendiste.

Aprendizaje electrónico y laboratorios virtuales

Las lecciones digitales y los laboratorios virtuales proporcionan opciones de aprendizaje en línea en cada lección de *Fusión*.

El ciclo de la **vida**

Un dato

Los oseznos polares nacen ciegos y sin dientes.

Por tu cuenta o con tu grupo, explora los conceptos de ciencias en un mundo digital.

360° de investigación

Contenido

CIENCIAS DE LA VIDA

Unidad 3: Los animales................................ 81

Cómo trabajan los científicos

Museo de los niños, Indianápolis, Indiana

La gran idea

Los científicos utilizan las destrezas e instrumentos de investigación para obtener información.

Me pregunto por qué

Los científicos estudian los dinosaurios. ¿Por qué?
Da vuelta a la página para descubrirlo.

1

Por esta razón Los científicos estudian los dinosaurios para aprender sobre los animales que vivieron hace mucho tiempo.

En esta unidad vas a aprender más sobre La gran idea, y a desarrollar las preguntas esenciales y las actividades del Rotafolio de investigación.

Niveles de investigación ■ Dirigida ■ Guiada ■ Independiente

Comprueba tu progreso

La gran idea Los científicos utilizan las destrezas e instrumentos de investigación para obtener información.

Preguntas esenciales

¡Ya entiendo La gran idea!

Cuaderno de ciencias

No olvides escribir lo que piensas sobre la Pregunta esencial antes de estudiar cada lección.

Pregunta esencial

¿Qué son los sentidos y otros instrumentos?

Ponte a pensar

Halla la respuesta a la pregunta en la lección.

Este niño está tratando de no usar uno de sus sentidos. ¿Cuál sentido?

El sentido del

_____

Lectura con propósito

Vocabulario de la lección

1. Ojea la lección.
2. Escribe aquí los 2 términos de vocabulario.

_____ _____

Tus sentidos

¿Cómo aprendes sobre las cosas? Usas los cinco sentidos. Los **sentidos** son la manera en que conoces el mundo. Los sentidos son la vista, el oído, el olfato, el gusto y el tacto. Se usan diferentes partes del cuerpo para cada sentido.

Lectura con propósito

La idea principal es la idea más importante sobre algo. Subraya dos veces la idea principal.

Oyes con los oídos.

Hueles con la nariz.

Gustas con la boca.

Tocas con las manos y la piel.

Ves con los ojos.

▶ Encierra en un círculo el nombre de las partes del cuerpo que se usan para cada sentido.

Cómo aprender con los sentidos

¿De qué manera se aprende con los sentidos? Mira las ilustraciones. ¿Qué te dirían los sentidos sobre cada cosa?

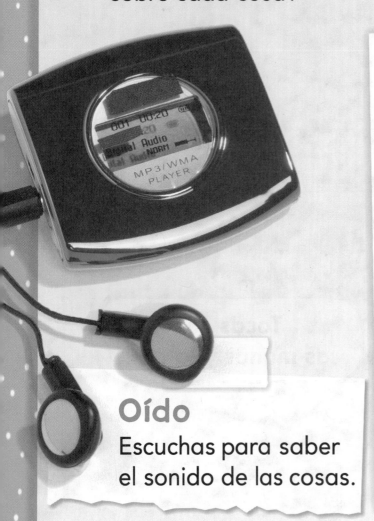

Oído
Escuchas para saber el sonido de las cosas.

Tacto
Tocas para saber la textura de las cosas: lo que sientes al tocarlas.

▶ Subraya la manera en que sabes cómo se sienten las cosas.

Vista

Con la vista observas el color, la forma y el tamaño.

Olfato

Con el olfato sabes cómo huelen las cosas.

Gusto

Con el gusto sabes si los alimentos son dulces, agrios o salados.

▶ **Con la vista se observan tres cosas. Encierra las palabras en un círculo.**

Instrumentos para explorar

Los instrumentos científicos sirven para aprender más. Usamos **instrumentos científicos** para conocer las cosas.

La lupa es un instrumento científico. Sirve para ver cosas pequeñitas. No podrías ver tan claramente estas cosas solo con los ojos.

Lectura con propósito

Halla la oración que habla de los **instrumentos científicos.** Subraya la oración.

Estas niñas usan la lupa para observar una flor de cerca.

Regla y cinta métrica

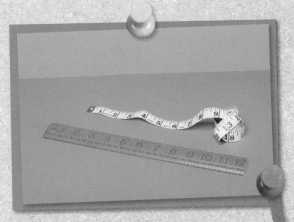

Con la regla se mide el largo de las cosas. Con la cinta métrica se mide alrededor de las cosas.

Taza de medir

Con la taza de medir se miden los líquidos.

Instrumentos para medir

▶ Encierra en un círculo los nombres de los instrumentos para medir.

Termómetro

Con el termómetro se mide la temperatura. Nos dice qué tan calientes o frías están las cosas.

Balanza

Con la balanza se comparan los pesos de las cosas.

Mídelo

¿Por qué debemos usar instrumentos científicos para medir? ¿Qué pasa si usamos instrumentos distintos para medir el mismo objeto? Podríamos obtener medidas diferentes.

Esta niña está midiendo la alfombra con sus zapatos.

Práctica matemática

Medir la longitud

Mide el largo de un estante. Usa un zapato pequeño, un zapato grande y una cinta métrica o una regla. Con la cinta métrica o la regla se mide en pies.

¿Cuál es el largo del estante cuando lo mides:

1. con un zapato pequeño?

   aproximadamente _____ zapatos pequeños

2. con un zapato grande?

   aproximadamente _____ zapatos grandes

3. con una regla o una cinta métrica?

   aproximadamente _____ pies de largo

¿Por qué deberías usar una regla o una cinta métrica para medir el estante?

_____

_____

_____

_____

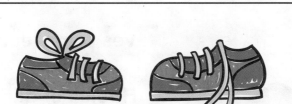

Resúmelo

① Elígelo

¿Qué instrumento no sirve para medir? Márcalo con una X.

② Enciérralo en un círculo

¿Con qué vemos las cosas pequeñitas? Dibújale un círculo.

③ Emparéjalo

Mira las ilustraciones. ¿Qué sentido te sirve para saber más de cada cosa? Con una línea, une cada cosa con la oración que nombra ese sentido.

Tocas para sentir lo peludo que es algo.

Ves para leer.

Hueles el alimento horneado.

Nombre _Cedrica_

Juego de palabras

Usas diferentes partes del cuerpo para cada sentido. Rotula la parte del cuerpo que se usa para cada sentido.

oído	vista	olfato	gusto	tacto

vista

olfato

oído

gusto

tacto

Aplica los conceptos

Dibuja una línea hasta la ilustración cuyo nombre complete la oración.

1 Mides una pelota con un(a) __cinta metrica__.

2 Mides agua con un(a) __taza__.

3 Observas una hormiga con un(a) __lu__.

4 Comparas el peso de dos cosas con un(a) __valanza__.

5 Mides el largo con un(a) __regla__.

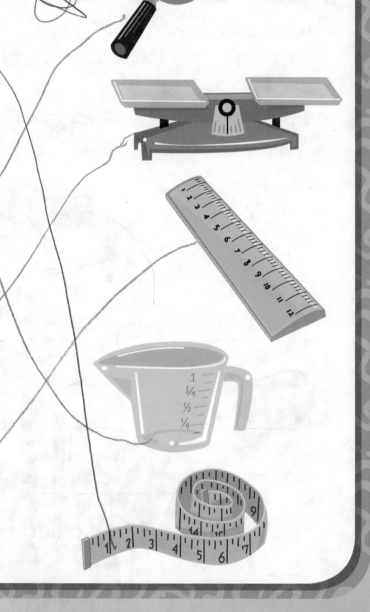

Para la casa

En familia: Pida a su niño que le cuente cómo usamos los instrumentos científicos y los sentidos. Organicen un juego donde nombren estos sentidos o instrumentos.

Nombre Cedrica 💔🗡️

¿Cómo se usan los sentidos?

Establece un propósito
Di lo que quieres descubrir.

_____

Piensa en el procedimiento
❶ ¿Qué observarás?

I gusta el gusto por que

probll comida.

❷ ¿Cómo descubrirás el sonido que se produce al quebrar el apio?

_____

Anota tus datos

Anota lo que observas en esta tabla.

Sentido	Observación
vista	
tacto	
olfato	
oído	
gusto	

Saca tus conclusiones

¿Qué descubriste sobre el apio? ¿Cómo lo sabes?

_____

_____

Haz más preguntas

¿Qué otras preguntas podrías hacerte sobre el apio y tus sentidos?

_____

_____

Pregunta esencial

¿Qué son las destrezas de investigación?

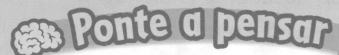

Ponte a pensar

Halla la respuesta a la pregunta en la lección.

¿Qué puedes inferir que está haciendo el niño?

El niño está

_____ .

Lectura con propósito

Vocabulario de la lección

1 Ojea la lección.

2 Escribe el término de vocabulario aquí.

_____

Destrezas para aprender

Observa y compara

¿Cómo puedes parecerte a un científico?
Usando **destrezas de investigación**. Con las
destrezas de investigación descubres información.
Gracias a ellas, conoces más del mundo.

Lectura con propósito

Puedes comparar las cosas para saber en qué se
parecen. El niño de esta página compara dos cosas.
Dibuja un triángulo alrededor de las dos cosas.

Bosque
de las
Hojas
Caídas

observar

comparar

Mide y predice

Predigo que hoy lloverá.

medir

predecir

Risco rocoso

▶ Encierra en un círculo la destreza de investigación con la que se sabe el tamaño de un objeto.

Clasifica y comunica

Paraíso de aves

clasificar

▶ Completa la gráfica. ¿Cuántas aves marrones hay?

Gráfica de aves

Número de aves

Color de las aves

azul   rojo   marrón

comunicar

Formula una hipótesis y planea una investigación

El tronco grande rueda más lejos que el tronco pequeño porque es más pesado.

Haré rodar ambos troncos colina abajo para probar la hipótesis.

formular una hipótesis

planear una investigación

Colina de los Troncos

▶ ¿Qué niño formuló la hipótesis? Subraya la hipótesis.

Infiere y saca tus conclusiones

Pienso que el recipiente liviano esta vacío.

inferir

Palacio del picnic

Los recipientes vacíos son más livianos que los recipientes llenos.

sacar conclusiones

▶ Subraya la conclusión que sacó el niño.

Haz un modelo y una secuencia

Jardín de mariposas

▶ Las cosas pueden suceder en orden.
Escribe 1 al lado de lo que sucede primero.
Escribe 2 al lado de lo que sucede segundo.
Escribe 3 al lado de lo que sucede tercero.
Escribe 4 al lado de lo que sucede al final.

hacer un modelo

secuencia

Resúmelo

1 Enciérralo en un círculo

Hay algo que quieres saber. Encierra en un círculo lo que haces para descubrirlo.

predecir

clasificar

planear una investigación

2 Elígelo

¿Qué destreza de investigación se muestra?

comunicar

hacer un modelo

ordenar en secuencia

3 Dibújalo

Observa un objeto. Dibújalo. Da información sobre el objeto.

Esto es un(a) _____. Es _____.

 **Ejercita tu mente**

 Lección **3**

Nombre _____

Juego de palabras

Encierra en un círculo cada palabra.
Luego, completa la oración.

comparar	clasificar	inferir	medir
observar	predecir	secuenciar	

```
s   e   c   u   e   n   c   i   a   r   a
v   c   l   a   s   i   f   i   c   a   r
l   a   s   i   n   f   e   r   i   r   p
r   f   m   e   d   i   r   g   e   w   x
o   b   s   e   r   v   a   r   s   t   h
e   w   p   r   e   d   e   c   i   r   w
c   o   m   p   a   r   a   r   t   z   r
```

Todas las palabras
del crucigrama
nombran _____ .

25

Aplica los conceptos

Encierra en un círculo el término que concuerda con el significado.

① decir lo que aprendes	comunicar	observar
② organizar cosas en grupos	ordenar en secuencia	clasificar
③ decir en qué se parecen y en qué se diferencian las cosas	hacer un modelo	comparar
④ poner las cosas en orden	ordenar en secuencia	formular una hipótesis
⑤ descubrir cuánto o qué tan largo es algo	medir	inferir
⑥ usar los sentidos	hacer un modelo	observar
⑦ hacer una buena suposición de lo que sucederá	predecir	ordenar en secuencia
⑧ decidir qué pasos seguir	sacar conclusiones	planear una investigación

Para la casa

En familia: Converse con su niño acerca de cómo se usan las destrezas de investigación en la casa. Por ejemplo: usted mide cuando cocina y clasifica la ropa después de lavarla.

Nombre _____

¿Cómo usamos las destrezas de investigación?

Establece un propósito

Di lo que quieres descubrir.

_____

_____

_____

Piensa en el procedimiento

1 ¿Qué prueba planificaste? Escribe aquí tu plan.

_____

_____

2 ¿Qué instrumentos científicos usarás para tu prueba?

_____

Anota tus datos

Dibuja o escribe. Anota lo que observes.

Saca tus conclusiones

¿Qué conclusiones puedes sacar?

_____

_____

Haz más preguntas

¿Qué otras preguntas podrías hacer?

_____

_____

Pregunta esencial

¿Cómo trajaban los científicos?

Ponte a pensar

Halla la respuesta a la pregunta en la lección.

¿Cómo haces para pintar un arco iris con solo tres colores de pintura?

Puedes mezclar

_____.

Lectura con propósito

Vocabulario de la lección

1 Ojea la lección.

2 Escribe aquí el término de vocabulario.

investigación

Piensa como un científico

Los científicos planean una investigación cuando quieren conocer más sobre un tema. La **investigación** es una prueba que hacen los científicos. Para una investigación se pueden hacer diferentes planes. Este es un plan.

Observa

Primero, observa algo. Haz una pregunta.

Lectura con propósito

Ciertas palabras clave te sirven para hallar el orden de las cosas. **Primero** es una palabra clave. Dibuja un casilla alrededor de esta palabra.

¿Qué sucedería si mezcláramos pintura amarilla con pintura azul?

Formula una hipótesis y planea

Luego, formula una hipótesis. Establece algo que puedas probar. Planea una prueba en la que cambies solo una cosa para ver si estás en lo cierto.

Mi hipótesis

La pintura azul y la pintura amarilla se mezclan para formar el color verde.

Mi plan

1. Coloca pintura amarilla en un plato.
2. Coloca pintura azul en un plato.
3. Mezcla las pinturas.

▶ ¿Crees que la pintura amarilla y la pintura azul se mezclan para formar el color verde? Encierra en un círculo tu respuesta.

sí   no

Haz la prueba

Haz la prueba. Sigue los pasos de tu plan. Observa lo que sucede.

Lectura con propósito

La idea principal es la idea más importante acerca de algo. Subraya dos veces la idea principal.

Podemos mezclar las pinturas para ver lo que sucede.

© Houghton Mifflin Harcourt Publishing Company

Saca tus conclusiones

Saca conclusiones de la prueba. ¿Qué aprendiste? Compara tus resultados con los resultados de tus compañeros. ¿Qué sucedería si hicieran la prueba nuevamente? ¿Cómo lo sabes?

Si hacemos la prueba nuevamente, al mezclar la pintura amarilla con la pintura azul se volverá a formar el color verde.

▶ Encierra en un círculo el color que se forma cuando mezclas amarillo con azul.

Anota lo que observas

Los científicos anotan lo que aprenden en cada investigación. Tú puedes apuntar los datos en un cuaderno de ciencias. Puedes hacer dibujos y también escribir.

Lectura con propósito

Un detalle es un hecho acerca de una idea principal. Subraya un detalle. Dibuja una flecha hasta la idea principal a la que se refiere.

▶¿Qué colores forman el verde?

azul y amarillo = verde.

1 Escríbelo

Tienes una  y un _____.
Los dejarás caer.
Crees que el bloque caerá más rápido.
¿Cómo puedes probar tu idea?

_____

2 Enciérralo en un círculo

Sigues los pasos de una investigación.
Ahora dibujas lo que sucede.
¿Qué pasos estás siguiendo?
Enciérralos en un círculo.

Observas.   Planeas una prueba.

Anotas lo que observas.

Nombre _____

Juego de palabras

Ordena la palabra para completar cada oración. Usa estas palabras si lo necesitas.

observas	hipótesis	investigación	anotar

ncióvetigansi

1 Para aprender más sobre algo, haces una _____.

seihtpóesi

2 Cuando haces un enunciado que puedes probar, formulas una _____.

natoar

3 Después de hacer una prueba, deberías _____ tus resultados.

beosvras

4 Cuando miras algo de cerca, lo _____.

¿Puede el aire mover una moneda de 1¢ y una pluma?
Explica cómo podrías investigarlo.
Escribe un número del 1 al 5 para mostrar el orden.

_____ Escribe un plan.

_____ Haz una pregunta: ¿Puede el aire mover una moneda de 1¢ y una pluma?

_____ Anota lo que observes.

_____ Comunica tus resultados.

_____ Sigue tu plan.

Para la casa

En familia: Pida a su niño que le comente los pasos de una investigación. Luego, planeen una investigación que puedan realizar en casa.

Aprende sobre...

Mary Anderson

En 1902, Mary Anderson observó que cuando había mal tiempo, los conductores de auto no veían bien. Tenían que conducir con la ventanilla abierta. O tenían que bajarse para limpiar el parabrisas. Mary tuvo una idea: inventó el limpiaparabrisas.

Los conductores podían hacerlo trabajar desde el interior de sus autos. Podían ver el camino sin mojarse ni pasar frío.

Dato curioso

Para la segunda década del siglo XX, todos los autos tenían limpia-parabrisas.

PP 7963

Una cosa lleva a la otra

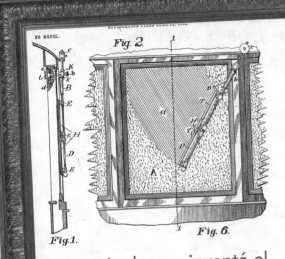

Mary Anderson inventó el primer limpiaparabrisas. Este es uno de los primeros diseños.

Robert Kearns inventó un limpiaparabrisas que se podía encender o apagar cuando fuera necesario.

▶ **¿De qué le sirve el invento de Mary Anderson a la gente de hoy?**

_____

_____

_____

Repaso de vocabulario
Completa las oraciones con los términos de la casilla.

destrezas de investigación

investigación

sentidos

1. Aprendes sobre el mundo a través de tus _____.

2. Para obtener información, usas _____.

3. Para aprender más, los científicos planean una _____.

Conceptos de ciencias
Rellena la burbuja con la letra de la mejor respuesta.

4. ¿Qué puedes aprender al escuchar música?
   - Ⓐ cómo se siente
   - Ⓑ cómo es
   - Ⓒ cómo suena

5. Quieres hallar qué carrito recorre una distancia mayor. ¿Qué pregunta harías?
   - Ⓐ ¿Por qué los carritos ruedan?
   - Ⓑ ¿Qué carrito es más viejo?
   - Ⓒ ¿Qué carrito llega más lejos?

6. ¿Qué sentido usa el niño para observar la flor?

Ⓐ el oído

Ⓑ el olfato

Ⓒ el gusto

7. Haces una prueba en la que varía solo una cosa y dibujas los resultados. ¿Qué haces?

Ⓐ clasificar

Ⓑ comunicar

Ⓒ medir

8. Si quieres medir el largo de una hoja, ¿qué instrumento científico usarías?

Ⓐ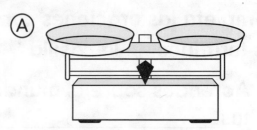

Ⓑ

Ⓒ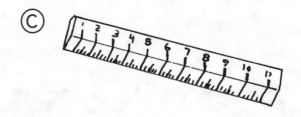

9. En una actividad, dices qué sucede primero, después y al final. ¿Qué destreza de investigación es esta?

Ⓐ formular una hipótesis

Ⓑ inferir

Ⓒ secuenciar

10. ¿Qué paso de una investigación se muestra?

Ⓐ hacer una prueba

Ⓑ sacar una conclusión

Ⓒ anotar los resultados

11. ¿Qué haces cuando clasificas?

Ⓐ agrupar cosas según cómo son

Ⓑ decir qué crees que sucederá

Ⓒ utilizar las observaciones para explicar por qué algo sucede

12. Tus compañeros y tú comparan sus resultados. Los resultados no son iguales. ¿Qué deberías hacer?

Ⓐ repetir la prueba

Ⓑ decirle al maestro

Ⓒ desechar los resultados

Investigación y La gran idea
Escribe las respuestas de las preguntas.

13. Observa el dibujo.

a. ¿Qué sentido usa la niña?

_____

b. ¿Qué puede aprender al acariciar al perro?

_____

14. Quieres investigar qué tan rápido ruedan dos carritos. Tu hipótesis es que el carrito de metal rueda más rápido que el carrito de madera. ¿Qué pasos seguirías para probar tu hipótesis?

_____

_____

_____

La tecnología que nos rodea

© Houghton Mifflin Harcourt Publishing Company   (bkgd) ©Jeff Greenberg/Alamy (border) ©NDisc/Age Fotostock

La gran idea

Los ingenieros construyen cosas nuevas mediante un proceso de diseño. Usan muchos tipos de materiales.

patio de juegos infantil

Me pregunto cómo

Un ingeniero planificó este patio de juegos. ¿Cómo?
Da vuelta a la página para descubrirlo.

Por esta razón El ingeniero dibujó sus ideas en un plano. El plano tiene muchas cosas divertidas para los niños.

En esta unidad vas a aprender más sobre La gran idea, y a desarrollar las preguntas esenciales y las actividades del Rotafolio de investigación.

Niveles de investigación ■ Dirigida ■ **Guiada** ■ Independiente

Comprueba tu progreso

La gran idea Los ingenieros construyen cosas nuevas mediante un proceso de diseño. Usan muchos tipos de materiales.

Preguntas esenciales

¡Ya entiendo La gran idea!

Cuaderno de ciencias

No olvides escribir lo que piensas sobre la Pregunta esencial antes de estudiar cada lección.

Pregunta esencial

¿Cómo trabajan los ingenieros?

Ponte a pensar

Halla la respuesta a la pregunta en la lección.

¿Cómo harías para rascarte en un lugar que te pica y que no puedes alcanzar?

Puedo

_____

_____ .

Lectura con propósito

Vocabulario de la lección

1 Ojea la lección.

2 Escribe aquí los 2 términos de vocabulario.

_____

¿Quiénes resuelven problemas?

Los **ingenieros** aplican las matemáticas y las ciencias para resolver problemas de la vida cotidiana. Los ingenieros trabajan en muchos tipos de problemas. Unos ingenieros diseñan robots. Otros planifican caminos. Y otros diseñan carros.

Lectura con propósito

Un detalle es un hecho acerca de una idea principal. Subraya un detalle. Dibuja una flecha hasta la idea principal a la que se refiere.

▶ **Encierra en un círculo el nombre de tres tipos de ingenieros.**

ingeniero en robótica

Los ingenieros resuelven problemas mediante un proceso de diseño. El **proceso de diseño** es un plan con los pasos que siguen los ingenieros para hallar soluciones.

El proceso de diseño

1. **Busca un problema**
2. **Planea y construye**
3. **Examina y mejora**
4. **Modifica el diseño**
5. **Comunica**

ingeniero mecánico

ingeniero civil

El proceso de diseño

1 Busca un problema

A Jack le pica un lugar que no puede alcanzar. ¿Cómo puede rascarse? Los pasos de este proceso de diseño muestran qué hace Jack.

Jack identifica su problema. Tiene que hallar una manera de rascarse la espalda. Busca maneras de resolver su problema.

Jack intenta rascarse la espalda.

▶ **¿Qué problema quiere resolver Jack?**

_____

_____

Jack saca su cuaderno de ciencias.
Quiere anotar lo que hace para resolver el
problema.

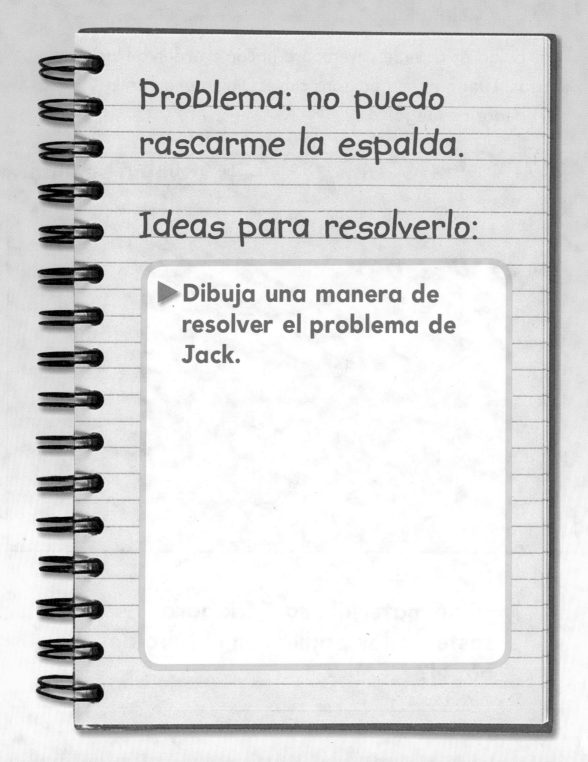

Problema: no puedo
rascarme la espalda.

Ideas para resolverlo:

▶ Dibuja una manera de
resolver el problema de
Jack.

2 Planea y construye

Luego Jack elige una solución y la prueba.
Hace un plan. Jack dibuja y rotula su plan.
Elige los mejores materiales que puede usar.

Lectura con propósito

Las palabras clave te sirven para hallar el orden de las cosas. **Luego** es una palabra clave. Dibuja una casilla alrededor de **luego**.

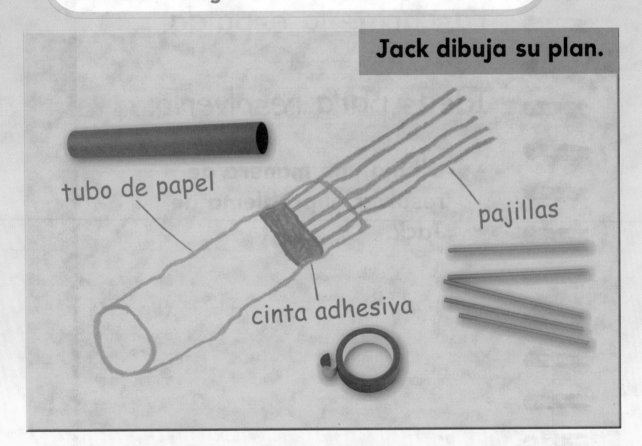

Jack dibuja su plan.

tubo de papel

pajillas

cinta adhesiva

▶ **¿Qué material usa Jack para sostener las pajillas en el tubo de papel?**

_____

Jack construye su instrumento para rascar la espalda. Usa los materiales que eligió y sigue el plan que hizo.

Jack hace su instrumento para rascar la espalda.

Jack prueba su instrumento para rascar la espalda con una amiga. Examinan si el instrumento para rascar la espalda funciona. ¿Resuelve el problema el instrumento?

▶ **Escribe una manera de mejorar el diseño del instrumento para rascar la espalda.**

_____

_____

Jack y su amiga prueban el instrumento para rascar la espalda.

4 Modifica el diseño

Jack piensa en una manera de modificar su instrumento para rascar la espalda. Agrega notas sobre cómo mejorarlo.

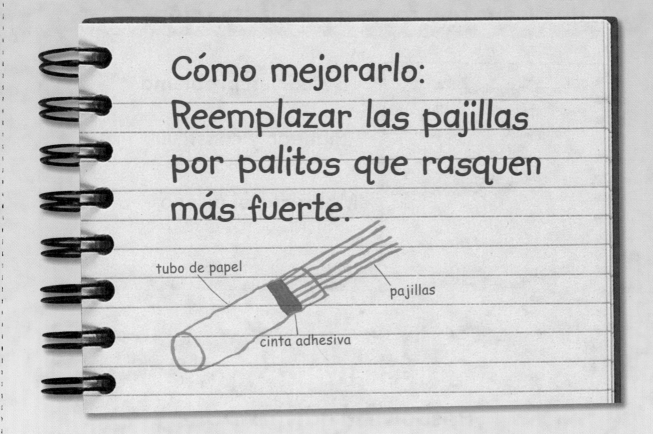

Cómo mejorarlo:
Reemplazar las pajillas
por palitos que rasquen
más fuerte.

tubo de papel

pajillas

cinta adhesiva

5 Comunica

Jack escribe y dibuja para mostrar qué sucedió. Puede compartir con los demás lo que aprendió.

▶ ¿Qué material usa Jack para mejorar su diseño? Encierra en un círculo la palabra.

① Enciérralo en un círculo

Encierra en un círculo el paso del proceso de diseño que muestra la ilustración.

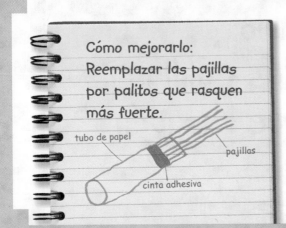

Cómo mejorarlo:
Reemplazar las pajillas por palitos que rasquen más fuerte.

tubo de papel

pajillas

cinta adhesiva

Buscar un problema

Planear y construir

Modificar el diseño

② Resuélvelo

Resuelve la adivinanza.

Resuelvo problemas aplicando las ciencias y las matemáticas. El proceso de diseño me lleva por el camino correcto.

¿Quién soy?

_____

Nombre _____

Juego de palabras

Escribe un rótulo para cada ilustración.

elegir materiales   construir   ingeniera   probar

_____

_____

_____

_____

Aplica los conceptos

Escribe números para ordenar los pasos del proceso de diseño. El primero ya está hecho.

El proceso de diseño

_____ Examina y mejora

____1____ Busca un problema

_____ Comunica

_____ Modifica el diseño

_____ Planea y construye

Para la casa

En familia: Identifique un problema de casa junto con su niño, como una gaveta llena de cosas viejas. Pida a su niño que lo guíe a través del proceso de diseño para hallar la solución.

Nombre_____

Pregunta esencial

¿Cómo podemos resolver un problema?

Establece un propósito

Di lo que quieres descubrir.

_____

_____

Piensa en el procedimiento

1 ¿Qué pasos seguirás para construir tu soporte?

_____

_____

2 ¿Cómo sabrás si tu soporte funciona?

_____

Anota tus datos

Dibuja y rotula un dibujo que muestre lo que sucedió.

Saca tus conclusiones

¿Qué tal funcionó tu solución? ¿Cómo podrías modificar el diseño para mejorar el soporte?

_____

_____

Haz más preguntas

¿Qué otras preguntas tienes sobre cómo diseñar la solución de un problema?

_____

Pregunta esencial

¿De qué están hechos los objetos?

Ponte a pensar

Halla la respuesta a la pregunta en la lección.

¿Qué podrías hacer con esta madera?

_____

Lectura con propósito

Vocabulario de la lección

1. Ojea la lección.
2. Escribe aquí los 3 términos de vocabulario.

_____ _____

_____

Haz tu parte

Los objetos pueden estar hechos de varias partes. Las partes se unen y forman un entero.

Observa esta bicicleta. Tiene ruedas, un cuadro y otras partes. Estas partes unidas forman la bicicleta.

Lectura con propósito

Un detalle es un hecho acerca de una idea principal. Subraya un detalle. Dibuja una flecha hasta la idea principal a la que se refiere.

_____

rueda
_____

_____

▶ **Escribe rótulos de las partes de la bicicleta.**

_____

_____

bicicleta

Mundo material

Observa esta casa. Una parte es de ladrillo. Otra parte es de metal. También hay partes de madera. Y las ventanas son de vidrio.

El ladrillo, el metal, la madera y el vidrio son materiales. Los **materiales** son los elementos de que está hecho un objeto.

Lectura con propósito

Halla la oración que dice el significado de **materiales**. Subraya la oración.

ladrillo

madera

vidrio

metal

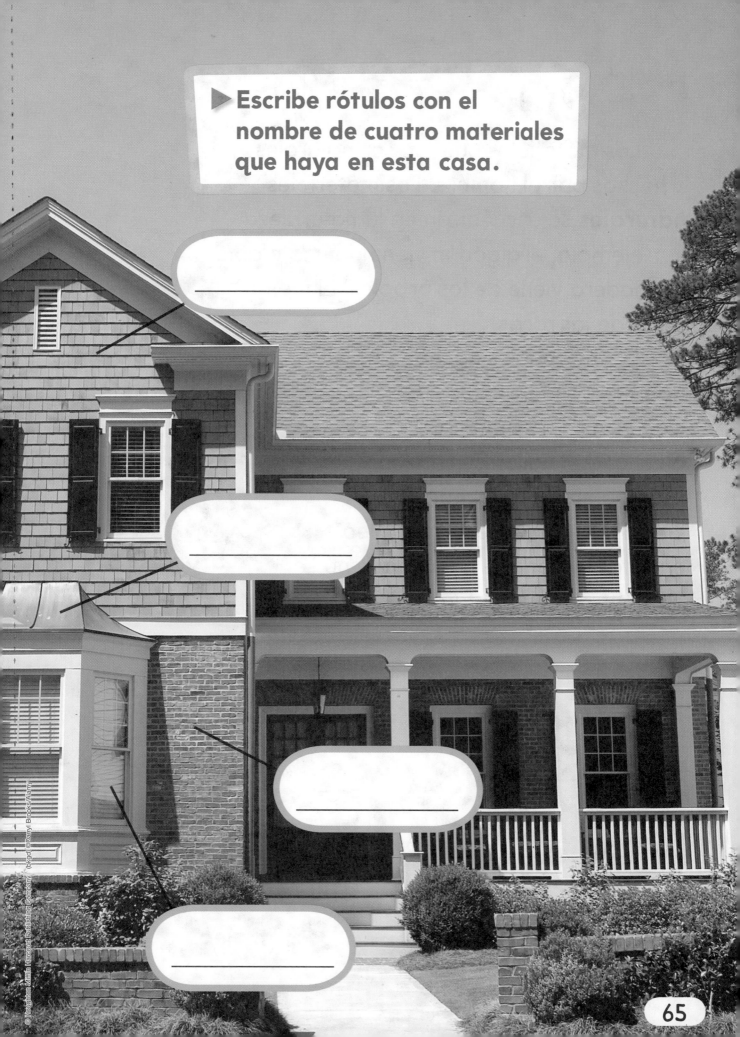

▶ Escribe rótulos con el nombre de cuatro materiales que haya en esta casa.

_____

_____

_____

_____

Hecho a la medida

Los materiales pueden ser naturales o hechos por el hombre. Los materiales **naturales** se encuentran en la naturaleza. Por ejemplo, el algodón viene de una planta. La madera viene de los árboles. El metal viene de las rocas.

Los materiales **hechos por el hombre** son fabricados por científicos. Por ejemplo, el plástico y el nailon se fabrican primero en un laboratorio. Los científicos convierten el petróleo en estos materiales nuevos que no se encuentran en la naturaleza.

árboles

algodón

Crude Oil

petróleo crudo

petróleo

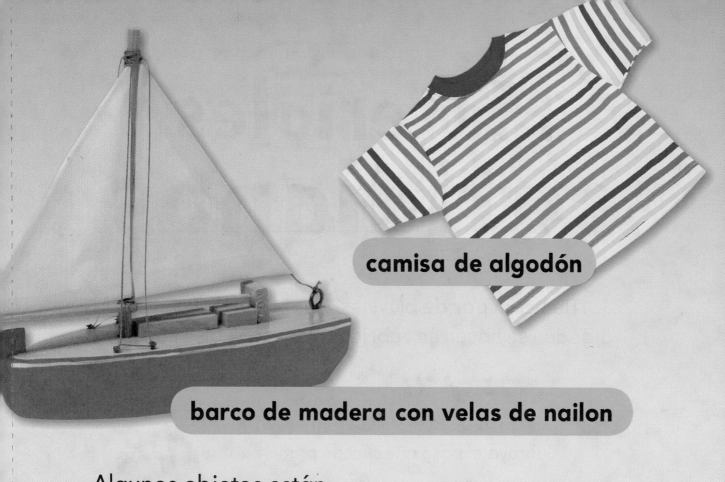

camisa de algodón

barco de madera con velas de nailon

Algunos objetos están hechos de materiales naturales. Otros están hechos de materiales hechos por el hombre. Hay objetos hechos de materiales tanto naturales como hechos por el hombre.

▶ **Marca con una X el objeto hecho de materiales tanto naturales como hechos por el hombre.**

juguetes de plástico

Materiales cotidianos

¿Tienes un par de bluyines? Los bluyines de algodón se hacen en fábricas. Así es como se hacen.

Lectura con propósito

Las cosas pueden suceder en orden.
Subraya el paso que sucede primero.

1

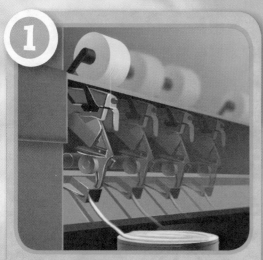

El algodón se teje como tela en los telares.

2

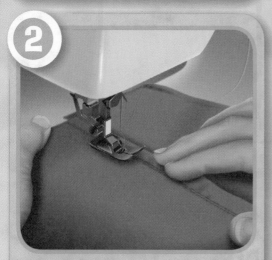

Los obreros cortan y cosen la tela con máquinas.

3

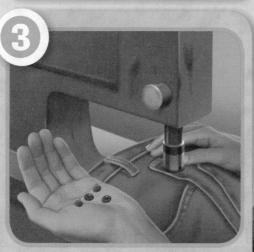

Los obreros ponen los remaches con máquinas.

4 ¡Ahora los bluyines están listos para usar!

① Dibújalo

Dibújale a la casa algo hecho de vidrio.

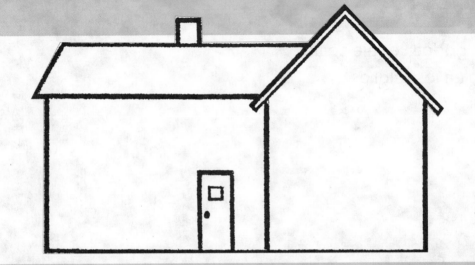

② Emparéjalo

Une con una línea cada juguete con el tipo de material del que está hecho.

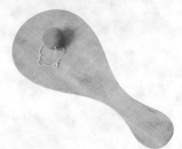

| hecho por el hombre | natural | ambos |

Nombre _____

Juego de palabras

Colorea las casillas de las letras que forman las palabras de vocabulario. Escribe las palabras para completar las oraciones.

hecho por hombres	materiales	natural

n	a	t	u	r	a	l	t	w	k	q	r	t	y	u
m	a	t	e	r	i	a	l	e	s	l	ñ	z	x	c
h	e	c	h	o	p	o	r	h	o	m	b	r	e	s
v	r	w	o	y	p	o	ñ	a	q	e	t	m	c	z
a	n	j	l	n	o	a	l	r	d	e	a	f	t	q
n	o	a	r	f	d	j	i	p	g	k	b	s	t	x

1. Si un material se encuentra en la naturaleza

   es _____.

2. Los objetos están hechos de _____.

3. Si un material se hace en el

   laboratorio está _____.

Aplica los conceptos

Completa la tabla. Nombra y clasifica los materiales de que está hecho cada objeto.

Tabla de materiales

Objeto	Material	Natural, hecho por el hombre o ambos
1	_____	_____
2	_____	_____
3	_____	_____

Para la casa

En familia: Juegue con su niño a identificar las partes y los materiales de objetos de la casa. Clasifiquen los materiales como naturales, hechos por el hombre o ambos.

Nombre_____

¿Cómo se pueden agrupar los materiales?

Establece un propósito

Di lo que quieres descubrir.

_____

Piensa en el procedimiento

1 ¿Qué observarás de los objetos?

_____

_____

2 ¿Cómo agruparás los objetos?

_____

_____

Anota tus datos

Escribe o haz un dibujo que muestre cómo agrupaste los objetos.

Natural	Hecho por el hombre	Ambos

Saca tus conclusiones

¿Cómo podrías saber de qué están hechos los objetos?

_____

_____

Haz más preguntas

¿Qué otras preguntas podrías hacer sobre los objetos y los materiales?

_____

_____

_____

Conoce al
Dr. Eugene Tsui

El Dr. Eugene Tsui es arquitecto. Es un tipo de ingeniero. Los arquitectos diseñan casas y otros edificios.

El Dr. Tsui estudia las formas de la naturaleza, como las conchas de mar. Basa sus diseños en lo que aprende. El Dr. Tsui dice que la naturaleza es nuestra gran maestra.

Dato curioso

El Dr. Tsui también diseña su propia ropa.

Los diseños del Dr. Eugene Tsui

> ▶ Empareja con una línea cada edificio con la forma de la naturaleza en la que está basado.

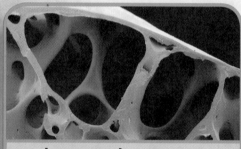

huesos de un ave

escamas de pez

alas de libélula

> ▶ Piensa en una forma de la naturaleza. Básate en ella para diseñar tu propio edificio.

76

Repaso de vocabulario

Completa las oraciones con los términos de la casilla.

> ingeniero
> materiales
> natural

1. Alguien que aplica las matemáticas y las ciencias para resolver problemas cotidianos es _____.

2. Un objeto está hecho de _____.

3. Algo que está hecho de cosas que se encuentran en la naturaleza es _____.

Conceptos de ciencias

Rellena la burbuja con la letra de la mejor respuesta.

4. Una camisa de algodón tiene un cierre de metal. ¿De qué tipo de materiales está hecha la camisa?

   Ⓐ naturales

   Ⓑ hechos por el hombre

   Ⓒ tanto naturales como hechos por el hombre

5. Loveleen quiere construir un comedero en el que puedan comer muchas aves. ¿Cómo puede seguir el proceso de diseño?

   Ⓐ comprar un comedero nuevo

   Ⓑ planear y construir una solución

   Ⓒ contarle a un amigo sobre el comedero

6. Carla juega con dos juguetes.

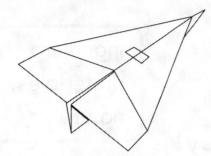

¿Qué juguete está hecho de un material hecho por el hombre?

Ⓐ el avioncito de papel

Ⓑ el balde de plástico

Ⓒ Ambos están hechos de materiales hechos por el hombre.

7. ¿Qué oración sobre los ingenieros es **verdadera?**

Ⓐ Todos los ingenieros construyen caminos.

Ⓑ Todos los ingenieros diseñan carros.

Ⓒ Todos los ingenieros resuelven problemas.

8. ¿Qué objeto está hecho de materiales naturales?

Ⓐ una camisa de nailon

Ⓑ una botella de plástico

Ⓒ una mesa de madera

9. ¿Cuál es el primer paso del proceso de diseño?

Ⓐ Buscar un problema

Ⓑ Planear y construir

Ⓒ Examinar y mejorar

10. Hay un río entre dos montañas. La gente quiere pasar con su carro de una ciudad a otra. Dos ingenieros conversan sobre este problema.

¿Cómo planean resolverlo?

Ⓐ construyendo un túnel debajo del río

Ⓑ construyendo un puente sobre el río

Ⓒ dándoles barcos a los habitantes de las ciudades

11. Haces un dibujo de algo que diseñaste.

¿Qué paso del proceso de diseño es este?

Ⓐ Comunicar

Ⓑ Modificar el diseño

Ⓒ Examinar y mejorar

12. ¿Qué objeto está hecho de materiales tanto naturales como hechos por el hombre?

Ⓐ un balde de metal con una manija de madera

Ⓑ una puerta de madera con una perilla de metal

Ⓒ un bolso de algodón con una correa de plástico

Investigación y La gran idea
Escribe la respuesta de estas preguntas.

13. Geeta agrupó objetos en estos dos grupos.

Grupo 1	Grupo 2
lápiz de madera	juguete de plástico
hoja de papel	chaqueta de nailon

a. ¿Cómo agrupó los objetos?

_____

_____

b. Menciona algo que podrías agregar en cada grupo.

_____

_____

14. Entra aire frío por debajo de la puerta de Michael.
Quiere hallar una solución con el proceso de diseño.

a. ¿Qué debería hacer primero Michael?

_____

b. Michael construye un instrumento.
¿Cómo puede probarlo?

_____

c. ¿Qué debería hacer si el instrumento no funciona?

_____

_____

Los animales

© Houghton Mifflin Harcourt Publishing Company (bkgd) ©Arthur Morris/Corbis; (inss) ©Dan Guravich/Corbis; (border) ©NDIse/Age Fotostock

La gran idea

Todos los animales deben satisfacer sus necesidades para vivir y crecer.

ave espátula
llevando una ramita

Me pregunto por qué

El ave lleva una ramita. ¿Por qué?
Da vuelta a la página para descubrirlo.

Por esta razón Las aves espátula construyen su nido con palitos y ramitas. El nido es un lugar seguro para los polluelos de las espátulas.

En esta unidad vas a aprender más sobre La gran idea, y a desarrollar las preguntas esenciales y las actividades del Rotafolio de investigación.

Niveles de investigación ■ Dirigida ■ Guiada ■ Independiente

Comprueba tu progreso

La gran idea Todos los animales deben satisfacer sus necesidades para vivir y crecer.

Preguntas esenciales

Cuaderno de ciencias

No olvides escribir lo que piensas sobre la Pregunta esencial antes de estudiar cada lección.

© Houghton Mifflin Harcourt Publishing Company ©DC/amanaimages/Corbis

Pregunta esencial

¿Qué son los seres vivos y los seres no vivos?

 **Ponte a pensar**

Halla la respuesta a la pregunta en la lección.

¿Qué necesitan todos los seres vivos?

_____

Lectura con propósito

Vocabulario de la lección

1 Ojea la lección.

2 Escribe aquí los 4 términos de vocabulario.

_____ _____

_____ _____

¡La gran vida!

Las personas, los animales y las plantas son **seres vivos**. Necesitan alimento, agua, aire y espacio para vivir. Crecen, cambian y se reproducen. **Reproducirse** es producir nuevos seres vivos del mismo tipo.

flores

▶ Rotula los seres vivos
que ves en la ilustración.

marmota

¿Un ser no vivo?

Los **seres no vivos** no necesitan alimento, ni agua, ni aire. No crecen ni cambian. ¿Qué son los seres no vivos? Las rocas son seres no vivos. También el aire y el agua son seres no vivos.

Lectura con propósito

Halla las oraciones con el significado de **seres no vivos**. Subráyalas.

▶ **Haz una lista de los seres no vivos que ves en la ilustración.**

_____

_____

_____

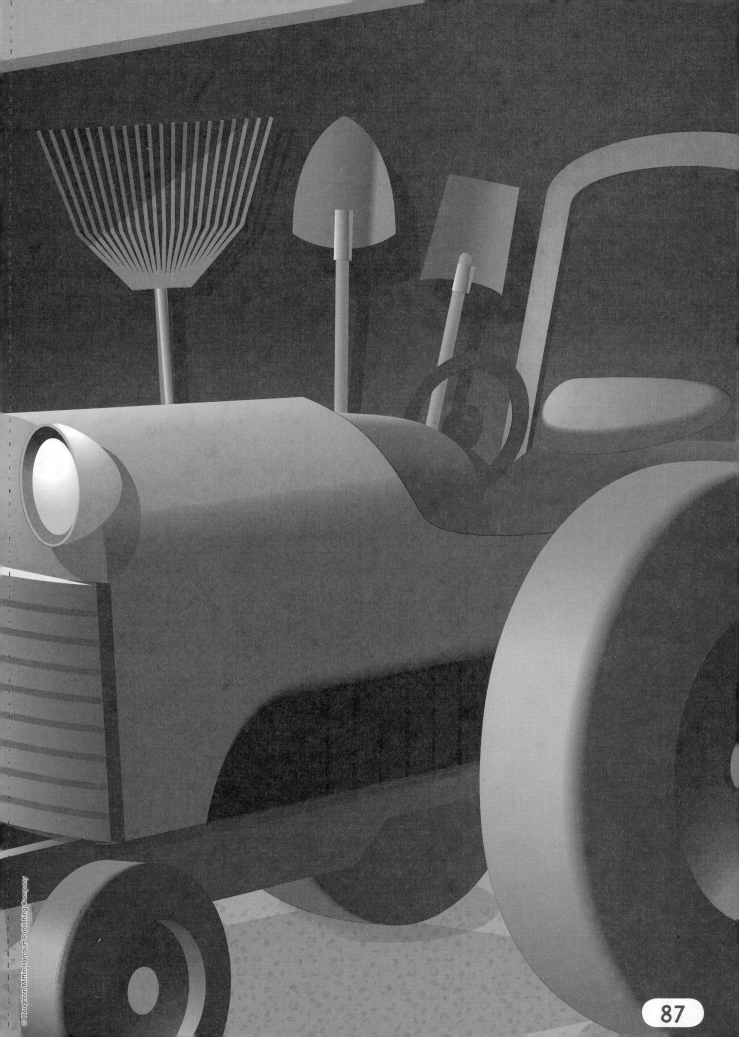

Todos juntos

Todos los seres vivos y no vivos que están en un lugar forman el **medioambiente**. Una granja es un medioambiente. Tiene seres vivos y seres no vivos.

Lectura con propósito

La idea principal es la idea más importante acerca de algo. Subraya dos veces la idea principal.

▶ **Haz una lista de los seres vivos y seres no vivos que ves en el medioambiente de una granja.**

Vivos	No vivos

① Elígelo

Encierra cada ser vivo en un círculo. Marca cada ser no vivo con una X.

② Dibújalo

Dibuja un ser vivo y un ser no vivo que podrías ver en un parque.

Nombre _____

Juego de palabras

Colorea los seres vivos.
Encierra los seres no vivos en un círculo.

Aplica los conceptos

Completa la tabla. Muestra en qué se diferencian los seres vivos de los seres no vivos.

Seres vivos	Seres no vivos
1 crecen y cambian	no crecen ni cambian
2 _____	no se reproducen
3 necesitan aire	no necesitan _____
4 necesitan _____	no necesitan agua
5 necesitan alimentos	no necesitan _____

Mira el medioambiente a tu alrededor. Menciona un ser vivo y un ser no vivo.

Ser vivo	Ser no vivo
6 _____	7 _____

Para la casa

En familia: Realice con su niño una inspección de la casa. Hagan una lista de los seres vivos y no vivos que ven en el lugar.

Pregunta esencial

¿Qué necesitan los animales?

Ponte a pensar

Halla la respuesta a la pregunta en la lección.

¿Por qué el refugio del pez payaso es algo poco común?

El pez payaso vive

_____.

Lectura con propósito

Vocabulario de la lección

1 Ojea la lección.

2 Escribe aquí los 2 términos de vocabulario.

_____   _____

Las necesidades de los animales

Agua y alimento

Los animales necesitan agua y alimento para crecer y mantenerse sanos. Hay animales que comen plantas. También hay animales que se comen a otros animales. Y aun hay otros que comen tanto plantas como animales.

Lectura con propósito

La idea principal es la idea más importante acerca de algo. Subraya dos veces la idea principal.

Un ciervo bebe agua.

Aire

Los animales necesitan oxígeno, que es uno de los gases que están en el aire. Los animales terrestres respiran oxígeno con los pulmones.

Algunos animales acuáticos, como las ballenas, tienen pulmones y respiran aire. Pero los peces no tienen pulmones. Tienen **branquias** con las que toman oxígeno del agua.

El oso negro respira con los pulmones.

branquias

Los peces toman oxígeno del agua a través de las branquias.

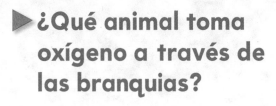

▶ ¿Qué animal toma oxígeno a través de las branquias?

_____

Refugio

La mayoría de los animales necesitan refugio. El **refugio** es un lugar donde el animal está protegido.

Un animal puede refugiarse en una planta o cavar un hoyo en el suelo. Incluso puede refugiarse dentro de otro animal. Uno de los animales que hace esto se llama pez payaso.

Clases de refugios de animales

El perro de la pradera vive en una madriguera.

El castor vive en una madriguera o represa.

Hay aves que ponen huevos en un nido.

Este zorrillo vive dentro de un tronco.

▶ Dibuja un animal en su refugio.

Espacio

Los animales necesitan espacio para crecer. Necesitan espacio para moverse y para hallar alimento. Los animales necesitan un lugar para refugiarse. Necesitan un lugar donde cuidar a sus crías.

Lectura con propósito

Un detalle es un hecho acerca de una idea principal. Subraya un detalle. Dibuja una flecha hasta la idea principal a la que se refiere.

El guepardo necesita espacio para correr y atrapar su alimento.

Tus necesidades

Tú también eres un ser vivo. Debes satisfacer necesidades para crecer y estar sano. ¿Qué necesitan tú y todas las personas? Necesitan aire para respirar. Necesitan alimento y agua. Necesitan espacio y refugio.

▶ **¿En qué se parecen las necesidades de las personas y las necesidades de los animales?**

_____

_____

Cómo cuidar a las mascotas

Las mascotas son animales. Piensa en las mascotas que conozcas. ¿De dónde obtienen agua y alimento? ¿Quién les da refugio? Las mascotas necesitan a personas que satisfagan sus necesidades.

Cuidar una mascota da bastante trabajo. Porque necesitan espacio para hacer ejercicios y jugar. Hay que mantener limpia a la mascota y también su refugio. También debes limpiar lo que ensucie tu mascota.

Todos debemos cuidar y limpiar a nuestras mascotas.

Las mascotas necesitan que las alimenten.

Este perro recibe 1 taza de alimento para perros en la mañana y 1 taza de alimento por la noche.

¿Cuántas tazas de alimento recibe en 1 día?

1 taza en la mañana

+ 1 taza por la noche
_____

_____ tazas en un día

¿Cuántas tazas de alimento para perros recibe en 5 días?

_____

101

Resúmelo

① Elígelo

Marca con una X la necesidad que <u>no</u> corresponda.

Necesidades de los animales

agua   luz solar

aire   alimento

② Enciérralo en un círculo

¿En qué se parecen las personas y los animales?

Ambos necesitan suelo.

Ambos viven en madrigueras.

Ambos necesitan luz solar.

Ambos necesitan aire y agua.

③ Dibújalo

Dibuja el animal que podrías encontrar en cada refugio.

nido	madriguera
	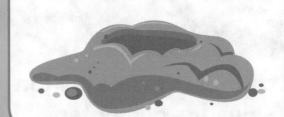

Nombre _____

Juego de palabras

Las mascotas necesitan cosas para vivir y crecer.
Completa las palabras de lo que necesita un hámster.

aire   alimento   refugio   espacio para crecer   agua

a_____

a_____

e_____

r_____

a_____

Aplica los conceptos

Piensa en cómo satisfaces tus necesidades todos los días. Luego, completa la siguiente tabla.

Necesitas	Cómo satisfaces tus necesidades
1 aire	_____ _____
2 _____	Tomo de la fuente de agua para beber en la práctica de fútbol.
3 alimento	_____ _____
4 _____	Entro en mi casa cuando llueve.
5 espacio para crecer	_____ _____

Para la casa

En familia: Converse con su niño sobre lo que necesitan los animales y las personas para crecer y mantenerse saludables. Pida a su niño que le cuente cómo satisface sus necesidades.

Vamos a usar los instrumentos

Cómo se usan los instrumentos

Los instrumentos son objetos que sirven para facilitar un trabajo. Utilizamos los instrumentos para satisfacer necesidades.

Tener refugio es una necesidad. El refugio puede ser una casa. Y las casas se construyen utilizando muchos instrumentos.

taladro

martillo

El mejor instrumento para el trabajo

Dibuja una línea para unir cada instrumento con la manera en que se usa.

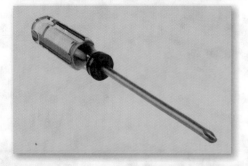

Parte de la base

Puedes diseñar tu propio instrumento. Completa **Diséñalo: Un instrumento nuevo** en el Rotafolio de investigación.

Pregunta esencial

¿En qué se diferencian los animales?

Ponte a pensar

Halla la respuesta a la pregunta en la lección.

Este animal no es un insecto. ¿Qué animal es?

_____

Lectura con propósito

Vocabulario de la lección

1 Ojea la lección.

2 Escribe aquí los 6 términos de vocabulario.

_____ _____

_____ _____

_____ _____

perezoso

Toda clase de animales

Los animales tienen formas y tamaños diferentes. Tienen partes del cuerpo para desplazarse de maneras diferentes. Algunos animales caminan y corren. Otros vuelan o nadan.

Los animales tienen el cuerpo cubierto de manera diferente. Algunos tienen pelaje o pelos. Otros tienen escamas o plumas.

Lectura con propósito

Ciertas palabras clave te sirven para hallar las diferencias entre las cosas. **Diferente** es una palabra clave. Dibuja un casilla alrededor de esa palabra.

Maneras de agrupar los animales

plumas

guacamaya roja

pelaje

mono araña

nadan

delfín de río

trepan

rana arbórea de ojos rojos

grande

capibara

pequeño

hormiga arriera

▶ Encierra en un círculo las palabras que agrupan a los animales por la manera en que se mueven.

tamarino león dorado

oso hormiguero gigante

Los mamíferos

Los **mamíferos** tienen
el cuerpo cubierto de pelo
o pelaje. La mayoría de los
mamíferos tienen crías vivas.
Un mamífero recién nacido
toma leche del cuerpo de su
madre. Los seres humanos son
mamíferos.

▶ **Rotula la cobertura que
ves en la ilustración.**

jaguar

_____

quetzal

tucán

Las aves

Las **aves** tienen plumas. Las aves también tienen pico y alas. Casi todas vuelan con las alas. Las aves ponen huevos y buscan alimento para sus crías.

▶ **Rotula la cobertura que ves en la ilustración.**

loro

_____

111

Los reptiles

Los **reptiles** tienen la piel seca y cubierta de escamas. La mayoría de los reptiles ponen huevos.

Casi todos los reptiles tienen cuatro patas. Pero las serpientes son reptiles sin patas. Las tortugas son reptiles que pueden tener patas o aletas. Además, las tortugas tienen un caparazón en la espalda.

iguanas verdes

caimán

▶ Rotula la cobertura que ves en esta ilustración.

_____

Los anfibios

La mayoría de los **anfibios** tiene piel suave y húmeda. Los sapos son anfibios que tienen la piel áspera y rugosa.

Los anfibios ponen sus huevos en el agua. Las crías de anfibios viven en el agua. La mayoría de los anfibios adultos vive en la tierra.

rana punta de flecha

sapo de caña

▶ **Rotula la cobertura de cuerpo que ves en la ilustración.**

_____

Los peces

Los peces tienen partes del cuerpo que les permiten vivir en el agua. La mayoría de los **peces** tienen escamas. Las escamas les protegen el cuerpo. Los peces tienen aletas para nadar y branquias por donde toman oxígeno.

Lectura con propósito

La idea principal es la idea más importante acerca de algo. Subraya dos veces la idea principal.

piraña roja

palometa

▶ **Rotula la cobertura que ves en esta ilustración.**

_____

saltamontes

mariposa

Los insectos

Cada **insecto** tiene tres partes y seis patas. Tienen un caparazón duro que les protege el cuerpo.

Hay animales que parecen insectos, pero no lo son. Por ejemplo, las arañas tienen ocho patas y no son insectos.

escarabajo rinoceronte

▶ **Rotula la cobertura que ves en esta ilustración.**

_____

Resúmelo

① Márcalo

Marca con una X el animal que <u>no</u> es mamífero.

Encierra en un círculo al animal que es anfibio.

② Dibújalo

Hay dos grupos de animales con escamas. Dibuja un animal de cada grupo. Rotúlalo.

Nombre _____

Juego de palabras

Ordena las letras para formar ocho palabras que se refieran a los animales.

reptiles mamíferos peces anfibios insectos aves escamas pelaje

sacasme _____ _____ _____ Ⓞ _____ _____ _____

sectosin _____ Ⓞ _____ _____ _____ _____ _____ _____

preliste _____ _____ _____ Ⓞ _____ _____ _____ _____

mifrosema _____ _____ Ⓞ _____ _____ _____ _____ _____ _____

evas Ⓞ _____ _____ _____

jepela _____ _____ Ⓞ _____ _____ _____

espec _____ Ⓞ _____ _____ _____

sobifina _____ _____ _____ _____ _____ _____ Ⓞ _____

Escribe en orden las letras encerradas en un círculo y completa la oración.

Hay muchísimos tipos de

_____ .

Aplica los conceptos

Dibuja o escribe el nombre de un animal de cada grupo.

Grupos de animales

Grupo de animales	Animal de ese grupo
① mamíferos	
② aves	
③ reptiles	
④ anfibios	
⑤ peces	
⑥ insectos	

Nombre _____

Pregunta esencial

¿Cómo se pueden agrupar los animales?

Establece un propósito

Di lo que quieres descubrir.

_____

_____

Piensa en el procedimiento

1 ¿Cómo sabes qué animal pertenece al mismo grupo?

_____

2 ¿Cómo anotarás los grupos que formes?

_____

Anota tus datos

Colorea una casilla para mostrar cada manera en que se mueve el animal.

¿Cómo se mueve?

	Camina	Nada	Vuela
pato			
mariposa			
ratón			
pez			
murciélago			
pingüino			
loro			
caimán			
vaca			

Saca tus conclusiones

¿Cómo te das cuenta de cómo se mueve un animal?

_____

Haz más preguntas

¿Qué otras preguntas puedes hacer sobre agrupar animales?

_____

Tarjetas ilustradas

Recorta cada foto por las líneas punteadas.

pato

mariposa

ratón

pez

murciélago

pingüino

loro

caimán

vaca

Pregúntale a un guardián de zoológico

¡Es tu turno!

▶ ¿Qué pregunta le harías a un guardián de zoológico?

_____

_____

¿Qué hace un guardián de zoológico?

Alimento a los animales. Les doy agua y me aseguro de que estén saludables. También mantengo sus medioambientes limpios.

¿Cómo sabe que un animal está enfermo?

Los animales no saben decirme que no se sienten bien. Por eso los observo detenidamente. A veces, un animal come o se mueve muy poco. Esa puede ser la señal de que un animal está enfermo.

¿Qué más hace un guardián de zoológico?

Hablo con la gente acerca del zoológico y de los animales. Me divierto hablando con los niños. ¡A ellos les encantan los animales!

¡Ahora te toca ser guardián de zoológico!

▶ **Un cachorrito de tigre nació en tu zoológico. Planea cómo cuidarlo.**

Mi plan como guardián de zoológico

1 Voy a _____
_____.

2 Voy a _____
_____.

3 Voy a _____
_____.

Repaso de vocabulario
Completaa las oraciones con los términos de la casilla.

anfibio
branquias
reproducirse

1. Los peces toman oxígeno por las
   _____.

2. Un animal con piel suave y húmeda es
   un _____.

3. Lo que hacen los animales al producir
   nuevos seres vivos como ellos es
   _____.

Conceptos de ciencias
Rellena la burbuja con la letra de la mejor respuesta.

4. ¿En qué se parecen todos los animales?
   Ⓐ Todos los animales necesitan alimento y agua.
   Ⓑ Todos los animales viven en el mismo lugar.
   Ⓒ Todos los animales se mueven de la misma manera.

5. ¿Qué animales necesitan aire para vivir?
   Ⓐ Ningún animal necesita aire para vivir.
   Ⓑ Todos los animales necesitan aire para vivir.
   Ⓒ Solo los animales terrestres necesitan aire para vivir.

6. Cuando un animal **no** obtiene alimento, aire ni agua. ¿Qué le sucede?

   Ⓐ El animal muere.

   Ⓑ El animal se convierte en una planta.

   Ⓒ El animal estará sano y sobrevivirá.

7. ¿Qué tipo de animal muestra la ilustración?

   Ⓐ ave

   Ⓑ insecto

   Ⓒ mamífero

8. ¿Cuál de estos animales da a luz crías vivas?

Ⓐ

Ⓑ

Ⓒ

9. ¿Qué forman todos los seres vivos y no vivos de un lugar?

Ⓐ un medioambiente

Ⓑ una necesidad básica

Ⓒ un refugio

10. ¿Qué enunciado sobre un animal que tienes como mascota es **verdadero**?

Ⓐ No tiene necesidades básicas.

Ⓑ Necesita que lo ayudes a satisfacer sus necesidades.

Ⓒ No necesita refugio ni alimento.

11. ¿En qué se parecen las aves y los reptiles?

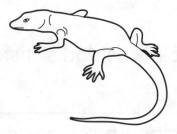

Ⓐ Ambos ponen huevos.

Ⓑ Ambos tienen escamas.

Ⓒ Ambos tienen plumas.

12. ¿En qué se **diferencian** los seres vivos de los seres no vivos?

Ⓐ Los seres vivos pueden ser grandes o pequeños.

Ⓑ Los seres vivos necesitan alimento y agua.

Ⓒ Los seres vivos pueden estar en muchos lugares.

Investigación y La gran idea

Escribe las respuestas de estas preguntas.

13. Observa el ciervo.

   a. ¿Qué necesidad satisface el ciervo?

   _____

   b. Menciona otras dos necesidades que tiene el ciervo.

   _____

   c. ¿Qué le sucede al ciervo si no se satisfacen sus
      necesidades básicas?

   _____

   _____

14. Menciona un ser vivo y otro no vivo que haya
    en tu patio. ¿Cómo sabes cuál ser es vivo y cuál
    ser es no vivo?

   _____

   _____

   _____

   _____

UNIDAD 4
Las plantas

La gran idea

Las plantas tienen partes que les sirven para satisfacer sus necesidades básicas. Hay muchos tipos de plantas.

uvas que crecen en una vid

Me pregunto por qué

La uva necesita agua, luz y aire. ¿Por qué?
Da vuelta a la página para descubrirlo.

Por esta razón Todas las plantas necesitan agua, luz y aire para producir alimento.

En esta unidad vas a aprender más sobre La gran idea, y a desarrollar las preguntas esenciales y las actividades del Rotafolio de investigación.

Niveles de investigación ■ Dirigida ■ **Guiada** ■ Independiente

La gran idea Las plantas tienen partes que les sirven para satisfacer sus necesidades básicas. Hay muchos tipos de plantas.

Comprueba tu progreso

Preguntas esenciales

¡Ya entiendo La gran idea!

Cuaderno de ciencias

No olvides escribir lo que piensas sobre la Pregunta esencial antes de estudiar cada lección.

Pregunta esencial

¿Qué necesitan las plantas?

Ponte a pensar

Halla la respuesta a la pregunta en la lección.

¿Cómo crece esta planta fuera del suelo?

Sus raíces absorben

_____

_____

Lectura con propósito

Vocabulario de la lección

1 Ojea la lección.

2 Escribe aquí los 3 términos de vocabulario.

_____ _____

_____

Las necesidades de las plantas

Luz solar, aire, y agua

Las plantas necesitan ciertas cosas para vivir y crecer. Necesitan **luz solar**, o luz del Sol. También necesitan aire y agua. Con estas cosas las plantas producen su alimento.

Lectura con propósito

La idea principal es la idea más importante sobre algo. Subraya dos veces la idea principal.

El aire está a nuestro alrededor aunque no lo vemos.

Las plantas crecen en dirección al Sol para obtener la luz solar que necesitan.

Las plantas obtienen del suelo la mayor parte del agua que necesitan.

▶ **Encierra en un círculo las tres palabras que dicen lo que una planta necesita.**

Desde el suelo

Casi todas las plantas necesitan suelo para crecer. El **suelo** está compuesto por pedacitos de roca y seres que alguna vez estuvieron vivos. Las raíces de las plantas absorben el agua del suelo. Los **nutrientes** son las cosas que hay en suelo que ayudan a que la planta crezca.

Ciertas plantas no crecen en el suelo. Viven y crecen sobre otras plantas. Sus raíces absorben lluvia y agua del aire.

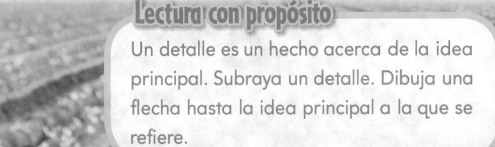

Lectura con propósito

Un detalle es un hecho acerca de la idea principal. Subraya un detalle. Dibuja una flecha hasta la idea principal a la que se refiere.

Espacio para crecer

A medida que la planta crece, se le alarga el tallo y se le agrandan las raíces. También le crecen más hojas. Cada planta debe tener suficiente espacio para crecer.

▶ ¿Qué hace este granjero para asegurarse de que sus cultivos crezcan?

_____

_____

_____

Gente que ayuda a las plantas

¿Qué hacen quienes ayudan a las plantas? Pues las riegan y arrancan la maleza para que las plantas tengan espacio donde crecer. Muchos colocan sus plantas en las ventanas para que reciban la luz solar.

Lectura con propósito

Las frases clave te sirven para hallar un efecto. **Para que** es una frase clave. Dibuja un casilla alrededor de **para que**.

También hay quienes ayudan a las plantas plantando otras nuevas. Siembran semillas para que crezcan flores nuevas. Y plantan arbolitos para que otros los disfruten.

▶ **¿Cómo ayudas tú a las plantas?**

_____

_____

1 Enciérralo en un círculo

Encierra en un círculo dos cosas que necesita una planta.

2 Escríbelo

Esta planta ha crecido demasiado para el tamaño de su maceta.

¿Qué necesidad no se ha satisfecho?

_____

Nombre _____

Juego de palabras

Escribe cada palabra al lado de la ilustración a la que se refiere.

agua	luz solar	suelo	aire

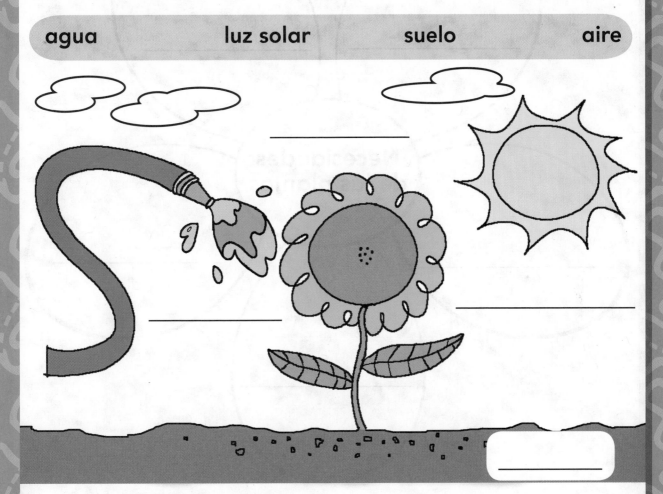

Responde la pregunta

¿Qué cosas del suelo ayudan a que las plantas crezcan?

_____

Completa la red para explicar qué cosas necesitan las plantas para crecer y estar sanas.

Necesidades de las plantas

En familia: Pida a su niño que le explique las cosas que necesita una planta para crecer y estar sana. Comente cómo su familia o algún conocido de la familia ayuda a las plantas.

Para la casa

Nombre _____

Pregunta esencial

¿Por qué crecen las plantas?

Establece un propósito

Explica lo que quieres descubrir.

_____

_____

Piensa en el procedimiento

1 ¿Qué observarás?

_____

_____

2 ¿Qué pruebas distintas harás con cada planta?

_____

_____

Anota tus datos

Anota lo que observes en esta tabla.

Mis observaciones de dos plantas		
	Planta A	**Planta B**
cómo se ve el tallo		
cómo se ven las hojas		
otras observaciones		

Saca tus conclusiones

¿Crece una planta si no recibe lo que necesita?

_____

_____

Haz más preguntas

¿Qué otras preguntas podrías hacerte sobre las necesidades de la planta?

_____

_____

Pregunta esencial

¿Cuáles son las partes de las plantas?

Ponte a pensar

Halla la respuesta a la pregunta en la lección.

¿Qué parte del árbol lo mantiene en su lugar?

sus _____

Lectura con propósito

Vocabulario de la lección

1. Ojea la lección
2. Escribe aquí los 6 términos de vocabulario.

_____   _____

_____   _____

_____   _____

Estructura de la planta

La planta tiene partes que le permiten crecer y cambiar.

Echar raíces

Las plantas tienen raíces que crecen dentro del suelo. Las **raíces** son la parte de la planta que la mantiene en su lugar. Las raíces absorben el agua y otras cosas que la planta necesita del suelo.

Lectura con propósito

Un detalle es un hecho acerca de una idea principal. Subraya un detalle. Dibuja una flecha hasta la idea principal a la que se refiere.

raíces

144

Los tallos se ponen de pie

El **tallo** sostiene a la planta. Lleva el agua desde las raíces hasta otras partes de la planta.

El tallo de una flor es fino y blando. El tallo de un árbol es grueso y leñoso.

tallos

▶ **Dibuja un triángulo alrededor de las raíces de la planta de frijoles. Encierra el tallo en un círculo.**

145

Hojas en acción

La **hoja** es la parte de la planta que produce su alimento. Las hojas producen alimento con la ayuda de la luz, el aire y el agua.

Lectura con propósito

Halla la oración que dice el significado de **hoja**. Luego subraya la oración.

Las hojas pueden tener formas y tamaños distintos.

hoja de banano

agujas de pino

fresno

trébol

arce rojo

Flores, semillas y frutos

La mayoría de las plantas tienen flores. La **flor** es la parte de la planta que produce semillas. De la **semilla** crece una nueva planta. Y cada planta nueva se parece a la planta que produjo la semilla.

Hay muchas flores que se convierten en frutos. El **fruto** es la parte de la planta que contiene las semillas.

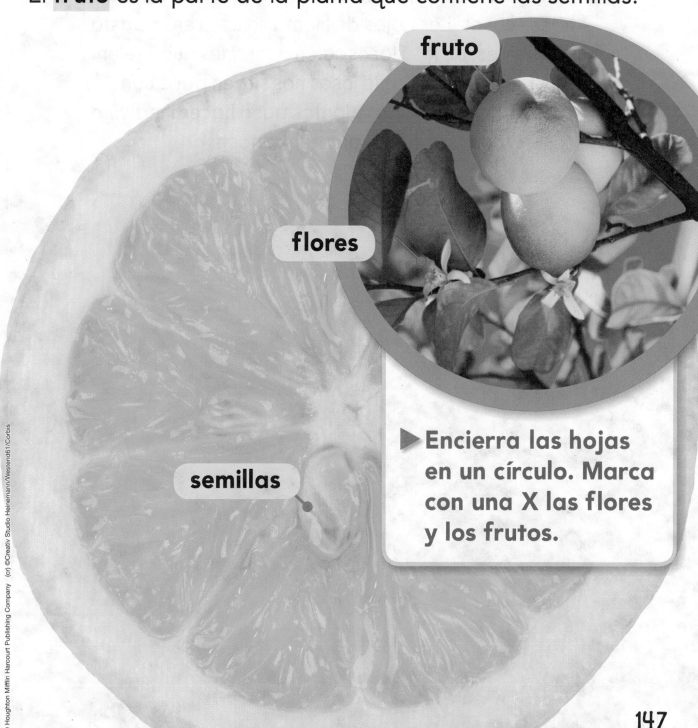

fruto

flores

semillas

▶ **Encierra las hojas en un círculo. Marca con una X las flores y los frutos.**

El poder de las plantas

Las plantas sirven de alimento, pero también para hacer cosas. Las hojas de menta se usan en la pasta de dientes. De las flores salen perfumes que huelen muy bien. Y los tallos leñosos nos sirven para construir casas. Incluso usamos plantas para hacer medicinas. ¿Qué otros usos de las plantas conoces?

Práctica matemática
Resuelve el problema

Mira los tomates y úsalos para resolver este problema.

Un granjero tiene 24 tomates.
Cosecha 11 tomates.
¿Cuántos tomates le quedan?

_____ - _____ = _____

Resúmelo

① Elígelo

La parte de la planta que absorbe agua.

② Resuélvelo

Resuelve las adivinanzas.

Salgo grueso, también fino.
Puedo ser grande
o pequeño.
A la planta llevo el agua
y la sostengo,
aunque tenga sueño.

¿Qué soy?

_____

Vengo de muchos colores,
muchos tamaños y formas.
Yo tomo la luz y el aire
para que la planta coma.
Al final me caigo al suelo
y después,
ya no me muevo.

¿Qué soy?

_____

Nombre _____

Juego de palabras

Rotula las partes de la planta.

| flor | hoja | raíz | tallo |

_____

_____

_____

_____

Aplica los conceptos

Escribe cuáles son las partes que necesita esta planta.

Problema	Solución
1 Necesito la parte de la planta que contiene semillas. ¿Qué parte necesito?	_____
2 Necesito la parte de la planta que absorbe agua. ¿Qué parte necesito?	_____
3 Necesito la parte de la planta que produce frutas. ¿Qué parte necesito?	_____
4 Necesito la parte de la planta que produce alimento. ¿Qué parte necesito?	_____
5 Necesito la parte de la planta que me sostiene. ¿Qué parte necesito?	_____
6 Necesito una parte de la planta para hacer otras plantas iguales a mí. ¿Qué parte necesito?	_____

Para la casa

En familia: Pida a su niño que le cuente sobre las partes de la planta. Ayude a su niño a mencionar las plantas que se comen y se usan en casa.

Conoce a la...
Dra. Norma Alcantar

La Dra. Norma Alcantar estudia los materiales para luego hacerlos más útiles. La Dra. Alcantar quería hallar un modo de limpiar el agua.

Ella se enteró de que en algunos pueblos de México limpiaban el agua con plantas de cactus nopal. Estas plantas tienen una materia pegajosa en su interior. Así que se puso a estudiar esta materia y logró limpiar el agua con ella.

Dato curioso

La Dra. Alcantar aprendió de su abuela el uso de esta clase de cactus.

153

¡Límpiala!

▶ **Responde las preguntas sobre el trabajo de la Dra. Alcantar.**

1

¿Qué estudia la doctora Alcantar?

_____

_____

_____

2

¿De dónde tomó la idea de usar el cactus nopal en sus estudios?

_____

_____

3

¿Por qué es importante el trabajo de la doctora?

_____

_____

_____

4

¿Qué parte del cactus usa la Dra. Alcantar para obtener agua limpia?

_____

Pregunta esencial

¿En qué se diferencian las plantas?

 **Ponte a pensar**

Halla la respuesta a la pregunta en la lección.

¿En qué se parece esta planta a algunos animales?

_____

_____ .

Lectura con propósito

Vocabulario de la lección

1 Ojea la lección.

2 Escribe aquí los 2 términos de vocabulario.

_____

¿Es una planta?

Las plantas son seres vivos, como los animales. Pero las plantas también son diferentes de los animales.

Las plantas no se pueden mover como lo hacen los animales. Se quedan en un solo lugar. Las plantas verdes necesitan luz, agua y aire para producir su propio alimento. Los animales comen plantas u otros animales.

Lectura con propósito

Al comparar las cosas, sabes en qué se parecen. Dibuja un triángulo alrededor de las dos cosas que se están comparando.

Plantas y animales

▶ **Completa la tabla para decir en qué se diferencian las plantas de los animales.**

	Plantas	Animales
producen su propio alimento		
comen plantas o animales		
se desplazan por sus propios medios		
crecen y cambian		

La venus atrapamoscas es una planta extraña. Mueve sus hojas para atrapar insectos y arañas. Luego se come lo que atrapa.

¡Cuántas plantas!

¿Cómo se distinguen las plantas? Tienen hojas diferentes. Tienen diferentes formas. Pueden ser grandes o también pequeñas.

Unas plantas tienen tallos blandos y finos. Otras tienen tallos gruesos y leñosos.

Árboles

- alto
- tronco leñoso
- muchas ramas
- hojas diferentes
- de larga vida

roble

Arbustos

- más bajos que los árboles
- tallos más pequeños y leñosos
- ramas más pequeñas
- hojas diferentes
- de larga vida

boj

Pastos

- plantas pequeñas
- tallos blandos
- hojas largas y finas
- de vida más corta

pastos decorativos

▶ Encierra en un círculo los nombres de las plantas que tienen tallos leñosos. Subraya el nombre de la planta que tiene tallos blandos.

Plantas con flores

La mayoría de las plantas tienen flores. Las **flores** son la parte de la planta que produce las semillas. Las flores pueden crecer en plantas pequeñas. También crecen en los arbustos y en los árboles. ¿Dónde has visto flores?

hibisco

▶ ¿Qué producen las flores?

_____

Plantas con piñas

Hay plantas que tienen piñas. Las **piñas** son la parte que contiene las semillas de la planta. Crecen en ciertos árboles. ¿Has visto piñas en algún lugar?

Lectura con propósito

Un detalle es un hecho acerca de una idea principal. Subraya un detalle. Dibuja una flecha hasta la idea principal a la que se refiere.

piña de pino

pino

Resúmelo

① Enciérralo en un círculo

Encierra en un círculo la planta que tiene piñas.

② Elígelo

Encierra en un círculo el grupo de palabras que hablen de un animal.

come plantas o animales

produce su propio alimento

crece y cambia

se desplaza por sus propios medios

③ Resuélvelo

Resuelve la adivinanza.

Hay seres vivos que vuelan.
Otros que corren o nadan.
Yo casi siempre estoy quieta.
Porque me tienen plantada.
¿Qué soy? _____

162

Nombre _____

Juego de palabras

Colorea las letras para formar las palabras de vocabulario. Completa las oraciones con esas palabras.

c	t	a	p	i	ñ	a
f	l	o	r	e	n	i
t	a	g	l	d	e	u
e	a	r	b	o	l	z
w	a	x	r	v	y	n
a	r	b	u	s	t	o
q	s	e	r	d	t	G

flor   arbusto
piña   árbol

1 Una planta alta de tallo leñoso es un _____ .

2 De un árbol sin flores puede salir una _____ .

3 La _____ produce semillas.

4 Si la planta es más pequeña que un árbol es un _____ .

Completa el diagrama para mostrar en qué se parecen y en qué se diferencian las plantas y los animales.

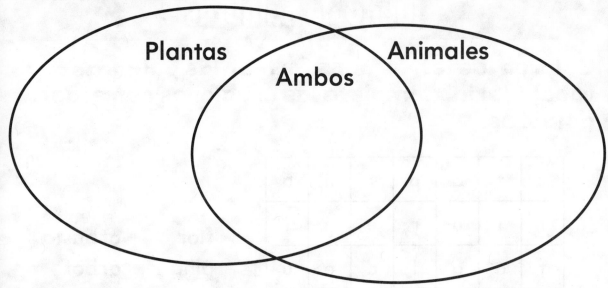

1 ¿En qué se diferencian los tallos de las plantas?

_____

_____

2 Escribe 1, 2 y 3 para ordenar las plantas por tamaño. Comienza por la planta más pequeña.

____ árbol   ____ pasto   ____ arbusto

En familia: Salga de paseo con su niño por el vecindario. Pídale que le cuente en qué se parecen y en qué se diferencian las plantas que ven.

Para la casa

Rotafolio de
investigación, pág. 20

Nombre_____

Pregunta esencial

¿Cómo comparamos las hojas?

Establece un propósito
Di lo que quieres descubrir.

_____

_____

Piensa en el procedimiento
❶ ¿Por qué mides cada hoja?

_____

❷ ¿Cómo compararás las hojas según su tamaño?

_____

_____

Anota tus datos

Dibuja cada hoja. Anota su longitud. Luego encierra en un círculo la hoja más corta. Marca con una X la hoja más larga.

Tablas de hojas

Hoja 1	Hoja 2	Hoja 3
aproximadamente _____ clips de largo	aproximadamente _____ clips de largo	aproximadamente _____ clips de largo

Saca tus conclusiones

¿Cómo supiste con seguridad qué hoja era la más larga?

_____

_____

Haz más preguntas

¿Qué otras preguntas podrías hacer sobre comparar hojas?

_____

_____

Hay que calentarlo

Comparemos los invernaderos

Los invernaderos están hechos de vidrio o plástico. El vidrio y el plástico dejan que la luz pase. Y al mismo tiempo mantienen el calor en el interior. La luz y el calor permiten que las plantas crezcan. Pueden cultivarse distintas plantas al mismo tiempo.

invernadero de interiores

invernadero de exteriores

- solo necesitan un espacio pequeño
- solo para plantas pequeñas
- se mantiene caliente durante el invierno

- necesita un espacio grande
- para plantas pequeñas y grandes
- necesita calefacción durante el invierno

S.T.E.M.
continuación

¿Qué invernadero?

Lee las siguientes oraciones.
Luego responde las preguntas.

Quieres cultivar una planta grande
y tienes mucho espacio en el
exterior. El tiempo no está muy
frío. ¿Qué invernadero elegirías?
¿Por qué?

_____

_____

_____

_____

Parte de la base

Diseña tu propio invernadero de interiores. Completa
Diséñalo: Un invernadero en el Rotafolio de investigación.

Repaso de vocabulario

Completa las oraciones con los términos de la casilla.

hojas
nutrientes
raíces

1. Dos cosas del suelo que ayudan a que la planta crezca son el agua y los _____.

2. La planta se mantiene en su lugar gracias a las _____.

3. La parte de la planta que produce el alimento son las _____.

Conceptos de ciencias

Rellena la burbuja con la letra de la mejor respuesta.

4. ¿En qué se **parecen** una manzana y una piña de pino?

    (A) Ambas son frutos.

    (B) Ambas tienen semillas.

    (C) Ambas crecen en el mismo tipo de árbol.

5. ¿Cómo descubrirías si las plantas necesitan luz para vivir?

    (A) Cultivo dos plantas. Riego ambas plantas.

    (B) Cultivo dos plantas. Proporciono luz a una sola planta.

    (C) Cultivo dos plantas. Riego una sola planta.

6. Pavil clasificó las hojas. Esta ilustración muestra un grupo.

¿Qué opción describe **mejor** cómo las clasificó?

Ⓐ según su tamaño

Ⓑ según su forma

Ⓒ según el número de puntos

7. ¿Cuál de estas partes de una planta es un tipo de tallo?

Ⓐ manzana

Ⓑ tronco de árbol

Ⓒ aguja de pino

8. Una planta necesita más espacio para crecer. ¿Qué opción le daría a la planta más espacio?

Ⓐ regarla más

Ⓑ colocar más plantas a su alrededor

Ⓒ eliminar las malezas de su alrededor

9. ¿Qué parte de la planta muestra el Número 3?

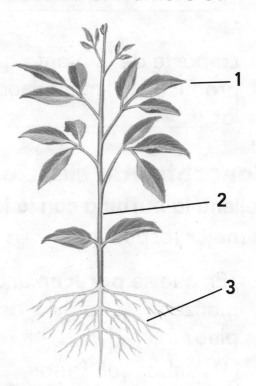

Ⓐ hoja

Ⓑ tallo

Ⓒ raíces

10. ¿En qué se **diferencian** las plantas de los animales?

Ⓐ Las plantas necesitan agua y aire.

Ⓑ Las plantas necesitan espacio para crecer.

Ⓒ Las plantas producen su propio alimento.

11. ¿Qué tipo de tallo tienen los arbustos?

Ⓐ tallos verdes

Ⓑ tallos blandos

Ⓒ tallos leñosos

12. Lee estos pasos de cómo una planta obtiene y usa el agua.

1. Las raíces absorben el agua del suelo.

2. _____?_____

3. Las hojas utilizan el agua para producir alimento.

¿Qué paso falta?

Ⓐ La planta crece más.

Ⓑ Las flores se convierten en frutos.

Ⓒ El agua se mueve a través del tallo hacia todas las hojas.

Investigación y La gran idea
Escribe la respuesta de estas preguntas.

13. Explica qué hace cada una de estas partes de la planta.

a. flores

_____

b. frutos

_____

c. semillas

_____

14. Observa esta ilustración.

a. ¿Cómo sabes que la planta no satisface sus necesidades básicas?

_____

b. Menciona dos cosas que necesita la planta.

_____

Los medioambientes

La gran idea

Los medioambientes pueden hallarse en cualquier lugar de la Tierra. Los seres vivos viven en el medioambiente que satisfaga sus necesidades.

ciervo en el bosque

Me pregunto por qué

Los ciervos viven en el bosque. ¿Por qué?
Da vuelta a la página para descubrirlo.

Por esta razón Un ciervo puede satisfacer sus necesidades en el bosque. Allí tiene alimentos, agua y refugio.

En esta unidad vas a aprender más sobre La gran idea, y a desarrollar las preguntas esenciales y las actividades del Rotafolio de investigación.

Niveles de investigación ■ Dirigida ■ **Guiada** ■ Independiente

Comprueba tu progreso

La gran idea Los medioambientes pueden hallarse en cualquier lugar de la Tierra. Los seres vivos viven en el medioambiente que satisfaga sus necesidades.

Preguntas esenciales

¡Ya entiendo La gran idea!

Cuaderno de ciencias

No olvides escribir lo que piensas sobre la Pregunta esencial antes de estudiar cada lección.

Pregunta esencial

¿Dónde viven las plantas y los animales?

Halla la respuesta a la pregunta en la lección.

¿Qué animal podría vivir en este medioambiente?

_____

_____

Lectura con propósito

Vocabulario de la lección

1 Ojea la lección.

2 Escribe aquí los 3 términos de vocabulario.

_____ _____

_____

A tu alrededor

Todos lo seres vivos y no vivos que te rodean forman tu **medioambiente**. Cada ser vivo vive en el medioambiente que satisfaga sus necesidades.

Muchos animales necesitan refugio. El **refugio** es un lugar donde el animal está protegido.

Lectura con propósito

Halla la oración que dice el significado de refugio. Subraya la oración.

Este madero es el refugio de los zorros.

Agua salada

El medioambiente de un océano es un cuerpo grande de agua salada. En su capa superior habitan muchos seres vivos. Es un lugar donde las plantas y otros seres vivos obtienen la luz solar que necesitan. Y los animales hallan alimentos.

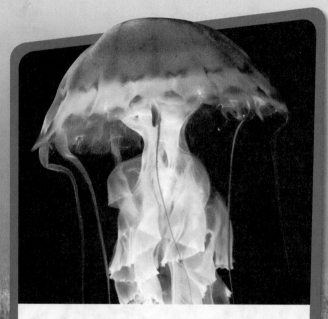

La medusa tiene partes del cuerpo que le permiten atrapar su alimento.

Las algas marinas viven en el océano. Muchos animales las comen.

▶ ¿Por qué muchas plantas viven en la capa superior del océano?

_____

_____

En un bosque tropical

En un bosque tropical llueve mucho. Los árboles llegan a ser muy altos y bloquean el sol. Muchos animales, como las aves y los monos, se refugian en los árboles altos. Las plantas pequeñitas no necesitan mucha luz solar.

El bosque tropical le proporciona a este leopardo todo lo que necesita para vivir.

▶ Dibuja un animal del bosque tropical que podría vivir en los árboles.

Seco como un hueso

En un medioambiente de desierto llueve poco. Las plantas como los cactus almacenan agua en sus tallos gruesos. Otras plantas almacenan agua en las hojas. En los desiertos calurosos, muchos animales se esconden durante el día.

Un árbol de Josué sirve de refugio a los animalitos.

Las plantas y los animales del desierto pueden vivir con poca agua.

liebre del desierto

monstruo de Gila

▶ Dibuja una planta que almacene agua.

¡Hace mucho frío!

La tundra es un medioambiente muy frío. Las plantas crecen juntas y cerca del suelo. Los animales tienen pelaje grueso para mantenerse calientes.

El pelaje blanco del zorro del ártico le permite esconderse entre la nieve.

Flores del ártico

▶ ¿Para qué le sirve el pelaje blanco al zorro del ártico en invierno?

_____

_____

_____

En la pradera

El medioambiente de una pradera es principalmente seco. Solo tiene algunos tipos de árboles y arbustos. Los animales grandes comen los pastos altos. Los animales pequeños viven en los pastizales.

Lectura con propósito

La idea principal es la parte más importante acerca de algo. Subraya dos veces la idea principal.

En invierno, algunos bisontes se mudan a lugares que tienen árboles. Los árboles les sirven de refugio durante el frío.

flores cónicas

perros de la pradera

halcón de cola roja

La cadena alimentaria

Todos los seres vivos necesitan la energía del Sol. Las plantas utilizan la luz solar para producir alimento. Los animales se comen las plantas. Así obtienen la energía que necesitan de las plantas.

Una **cadena alimentaria** muestra cómo pasa la energía de las plantas a los animales.

El pasto recibe la luz solar y produce alimento.

▶ **Dibuja las flechas que muestran el orden de la cadena alimentaria.**

El grillo se come el pasto.

El sapo se come al grillo.

Práctica matemática
Resuelve el problema.

Resuelve este problema. Un sapo puede comer aproximadamente 40 grillos en 1 hora.

¿Cuántos grillos puede comer en 2 horas?

_____ grillos

① Dibújalo

Elige un medioambiente. Dibuja un ser vivo que satisfaga sus necesidades allí.

② Ordénalo

Enumera las partes de la cadena alimentaria para ponerlas en orden.

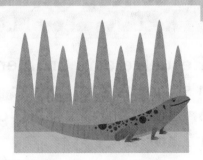

_____   _____   _____

Nombre_____

Juego de palabras

Escribe la entrada de diario. Completa los espacios en blanco con las palabras de la casilla.

| refugio | cadena alimentaria | medioambiente |

Querido diario:

Hoy fui de excursión al bosque Mulberry. Es un _____ lleno de árboles. Las aves tienen los árboles como _____.

Los árboles necesitan luz solar para producir alimento. Las aves comen las bayas de los árboles. El sol, los árboles y las aves son parte de una _____. Fue divertido aprender sobre el bosque.

Tu amigo,
Swati

Aplica los conceptos

Escribe dos detalles que correspondan con la idea principal. Luego responde la pregunta.

Idea principal
La tundra es un medioambiente frío.

Detalle: animales	Detalle: plantas
_____	_____
_____	_____
_____	_____
_____	_____

¿Qué forman todos los seres vivos y no vivos de un lugar? _____

© Houghton Mifflin Harcourt Publishing Company

Pregúntale a un guardabosque

¿Qué hace un guardabosque?
Cuido el bosque. Me encargo de proteger a las plantas y los animales. También enseño cosas sobre la naturaleza y cómo cuidarla.

¿Cómo hace un guardabosque para proteger las plantas?
Le enseño a la gente cómo evitar los incendios forestales. Me aseguro de que nadie tale árboles.

¿Cómo hace un guardabosque para proteger a los animales?
Me aseguro de que nadie los alimente. Protejo sus hogares al proteger el bosque.

¡Es tu turno!

▶ **¿Qué pregunta le harías a un guardabosque?**

_____
_____
_____
_____

© Houghton Mifflin Harcourt Publishing Company (bg) ©Mike Dobel/Alamy (inset) ©David Young-Wolff/Alamy

Proteger el bosque

▶ **Dibuja o escribe la respuesta de cada pregunta.**

1 ¿Por qué los guardabosques son importantes?

2 ¿Qué te gustaría más de ser guardabosque? ¿Qué te gustaría menos?

3 Supón que eres guardabosque. Dibuja un animal o una planta que protejas en el bosque.

1

_____
_____
_____
_____
_____

2

_____
_____
_____

3

Nombre _____

Pregunta esencial

¿Qué es un terrario?

Establece un propósito

Explica lo que quieres descubrir.

_____

_____

Piensa en el procedimiento

❶ ¿Qué colocas dentro de la botella?

_____

_____

❷ ¿Qué observarás sobre las cochinillas de humedad?

_____

_____

Anota tus datos
Anota en la tabla lo que observas.

Mis observaciones sobre la cochinilla	
Día 1	
Día 2	
Día 3	
Día 4	
Día 5	

Saca tus conclusiones
¿Cómo te ayudó el terrario a comprender qué necesitan los animales para vivir?

_____

_____

Haz más preguntas
¿Qué otras preguntas te ayudaría a responder un terrario?

_____

Un lugar para los animales

Cómo mantener protegidos a los animales

Hoy en día se diseñan y construyen lugares seguros para los animales. En esos lugares hay personas que los alimentan, les dan agua y refugio. También los curan si se enferman.

Este doctor de animales revisa la salud de los chimpancés.

Estos elefantes obtienen el alimento que necesitan para vivir y crecer.

Estas aves obtienen agua del río.

191

¡Haz un mapa!

Este mapa muestra un lugar diseñado para los animales. La gente se asegura de que los animales satisfagan sus necesidades allí. Mira el mapa.

Encierra en un círculo el lugar donde los animales obtienen el alimento. Marca con una X el lugar donde obtienen el agua. Dibuja una casilla donde los animales enfermos se recuperan.

Parte de la base

Diseña un lugar para que las mariposas vivan y crezcan. Completa **Diséñalo: Un jardín de mariposas** en el Rotafolio de investigación.

Repaso de vocabulario

Completa las oraciones con los términos de la casilla.

> medioambiente
> cadena
>   alimentaria
> refugio

1. Un lugar donde los animales están protegidos se llama _____.

2. Todos los seres vivos y no vivos de un lugar forman un _____.

3. El camino que muestra cómo se pasa la energía de las plantas a los animales se llama _____.

Conceptos de ciencias

Rellena la burbuja con la letra de la mejor respuesta.

4. ¿Qué palabras se refieren al medioambiente de bosque tropical?
   Ⓐ seco y caluroso
   Ⓑ nevoso y frío
   Ⓒ húmedo y sombreado

5. La rata canguro necesita poca agua, come semillas y su refugio puede estar bajo suelo. ¿Qué medioambiente satisface **mejor** sus necesidades?
   Ⓐ el desierto
   Ⓑ el océano
   Ⓒ la tundra

6. Este animal vive en la tundra.

¿Por qué el pelaje blanco le sirve para protegerse?

Ⓐ Porque así el animal se esconde en la nieve.

Ⓑ Mantiene al animal caliente durante el verano.

Ⓒ Ayuda al animal a almacenar agua.

7. ¿Por qué los bisontes viven en la pradera?

Ⓐ Les gusta el medioambiente lluvioso.

Ⓑ Pueden satisfacer su necesidad de alimento comiendo pasto.

Ⓒ Son muy grandes para cualquier otro medioambiente.

8. Haces un terrario. Colocas en él alimentos, tierra, plantas y algunos animales. ¿Qué más necesitan los animales para sobrevivir?

Ⓐ rocas

Ⓑ ramitas

Ⓒ agua

9. ¿De qué le sirve el tronco a este animal?

Ⓐ de alimento

Ⓑ de refugio

Ⓒ para obtener agua

10. Las flores del ártico crecen bien en lugares fríos y nevosos. Necesitan poco calor. ¿Dónde crecerían **mejor**?

Ⓐ en una pradera

Ⓑ en un bosque tropical

Ⓒ en una tundra

11. ¿A cuál de estos seres vivos encontrarías en el medioambiente de un océano?

Ⓐ un pez

Ⓑ un pino

Ⓒ un oso polar

12. ¿Qué puedes aprender sobre esta ave al ver la ilustración?

Ⓐ qué edad tiene

Ⓑ qué come

Ⓒ dónde vive

Investigación y La gran idea
Escribe las respuestas de estas preguntas.

13. Observa la ilustración.

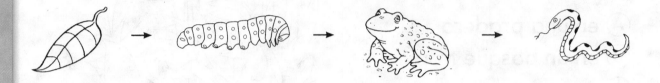

a. ¿Qué muestra?

_____

b. ¿Cómo depende la rana de la oruga para satisfacer
   sus necesidades?

_____

14. Colocas cochinillas de humedad en un frasco con tierra,
    hojas húmedas y varios vegetales podridos. Después de
    unos días, ves que la mayoría de los vegetales no está.
    Ves a las cochinillas escondidas debajo de las hojas.

    Describe dos maneras en que el medioambiente les
    sirve a las cochinillas para satisfacer sus necesidades.

    _____

    _____

    _____

Los recursos de la Tierra

La gran idea

En la Tierra hay muchos tipos de recursos.

playa arenosa

Me pregunto por qué

Hay que recoger la basura de las playas. ¿Por qué?

Da vuelta a la página para descubrirlo.

Por esta razón La basura le hace daño a la tierra, el agua y los seres vivos de la playa.

En esta unidad vas a aprender más de La gran idea, y a desarrollar las preguntas esenciales y las actividades del Rotafolio de investigación.

Niveles de investigación ■ Dirigida ■ **Guiada** ■ Independiente

Comprueba tu progreso

La gran idea En la Tierra hay muchos tipos de recursos.

Preguntas esenciales

¡Ya entiendo La gran idea!

Cuaderno de ciencias

No olvides escribir lo que piensas sobre la Pregunta esencial antes de estudiar cada lección.

Pregunta esencial

¿Qué encontramos en la Tierra?

Ponte a pensar

Halla la respuesta a la pregunta en la lección.

La Gran Esfinge fue construida hace mucho tiempo.

La construyeron con _____.

Lectura con propósito

Vocabulario de la lección

1 Ojea la lección.

2 Escribe aquí los 3 términos de vocabulario.

_____ _____

_____ _____

Todo natural

¿Qué cosas usas de la Tierra? Sus recursos naturales. Un **recurso natural** es cualquier cosa de la naturaleza que puedan usar las personas.

Aire

El aire es un recurso natural. Todos respiramos el aire. El viento es aire en movimiento. Este deslizador se mueve con el viento. Un parque eólico transforma el viento en energía útil. Y la energía es lo que alumbra y calienta nuestros hogares.

Lectura con propósito

Subraya dos veces la idea principal.

El agua

El agua es un recurso natural que nos sirve para muchas cosas.

▶ **Rotula las ilustraciones. Di para qué sirve el agua.**

_____

_____

Plantas y animales

Las plantas y los animales también son recursos naturales. Nos sirven como alimento. Y nos sirven para hacer la ropa y otras cosas que necesitamos.

▶ **Mira las ilustraciones. Encierra en un círculo el producto que obtenemos de cada planta o animal.**

Hacemos calcetines del algodón.

Hacemos juguetes con la madera de los árboles.

Preparamos alimento con los tomates.

202

© Houghton Mifflin Harcourt Publishing Company

Hacemos un suéter con la lana de la oveja.

Hacemos queso con la leche de la vaca.

Comemos los huevos que pone la gallina.

Las rocas

Las rocas son un recurso natural. La **roca** es un objeto duro que proviene de la Tierra. Construimos cosas con rocas.

Lectura con propósito

Halla la oración que dice el significado de **roca**. Luego subraya la oración.

casa hecha con rocas

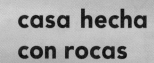

El suelo

El suelo es también un recurso natural. El **suelo** es la capa superior de la Tierra. Cultivamos las plantas en el suelo. Además, el suelo nos sirve para hacer cosas. Los ladrillos con que construimos vienen del suelo.

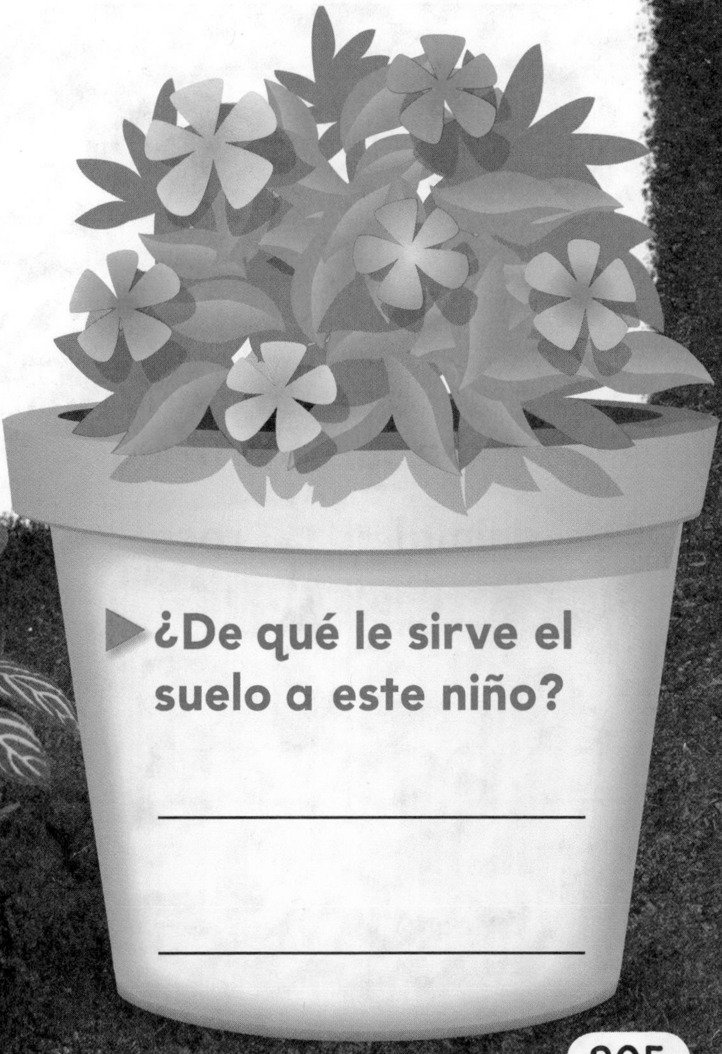

▶ ¿De qué le sirve el suelo a este niño?

_____

_____

① Escríbelo

Resuelve la adivinanza.

¿En qué se parecen una , un y un ?

En que todos son _____.

② Enciérralo en un círculo

Encierra en un cículo la manera como usamos cada recurso natural.

animal	roca	agua	suelo

Nombre _____

Juego de palabras

**Escribe los recursos sobre las rayas.
Luego colorea la ilustración.**

1 **Qué fruta proviene de una planta?** _____
Coloréala de rojo.

2 **¿Qué otros recursos son plantas?** _____
Coloréalos de verde.

3 **¿Qué recurso es un animal?** _____
Coloréala de marrón.

4 **¿Qué recurso nos bebemos?** _____
Coloréala de azul.

Aplica los conceptos

Completa el organizador gráfico. Escribe los nombres de los recursos naturales.

plantas

_____

_____   _____

_____

recursos naturales

En familia: Comente e identifique con su niño cosas de la casa que estén hechas de recursos naturales.

Para la casa

Aprende sobre . . .
Dr. George Washington Carver

El Dr. George Washington Carver era científico y trabajaba con los agricultores. Les enseñó cómo sembrar los cacahuates para poder mantener el suelo sano y cultivarlo.

Dato curioso

¡El Dr. Carver inventó el champú de cacahuate!

Una cosa lleva a la otra

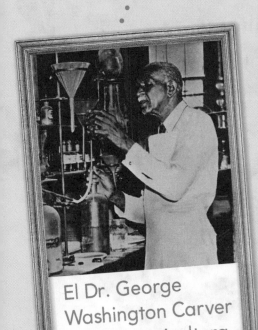

El Dr. George Washington Carver estudió agricultura.

Les enseñó a los agricultores cómo enriquecer sus suelos.

Hoy en día hay agricultores de todo el mundo que aplican sus ideas.

▶ ¿Cómo ayudó el Dr. Carver a los agricultores?

_____

_____

_____

¿Qué son las rocas y el suelo?

Ponte a pensar

Halla la respuesta a la pregunta en la lección.

¿Para qué nos sirve el suelo?

para _____

Lectura con propósito

Vocabulario de la lección

1. Ojea la lección.
2. Escribe aquí los 2 términos de vocabulario.

_____ _____

A rocanrolear

Las rocas son duras, son objetos no vivos que provienen de la tierra. Las rocas pueden ser de distintos colores y formas. Las rocas pueden ser grandes o pequeñas. El color, la forma y el tamaño son propiedades de las rocas. Cada **propiedad** es una parte que nos explica cómo es algo.

Lectura con propósito

Halla la oración que dice el significado de **propiedad**. Subraya la oración.

Propiedades de las rocas

▶ **Encierra en un círculo los nombres de tres propiedades de las rocas.**

Color Las rocas pueden ser de distintos colores.

Forma Las rocas pueden tener distintas formas.

Tamaño Las rocas pueden ser de distintos tamaños.

Supersuelo

El suelo se compone de pedacitos de roca y seres que alguna vez tuvieron vida. Forma una capa sobre partes de la superficie de la Tierra. El suelo es un recurso importante. Nos sirve para cultivar plantas.

Lectura con propósito

Un detalle es un hecho acerca de una idea principal. Subraya un detalle. Dibuja una flecha hasta la idea principal a la que se refiere.

Cómo se forma el suelo

El viento y el agua meteorizan las rocas. Los pedacitos de roca forman la base del suelo.

Las plantas y los animales muertos caen a la tierra. Se descomponen en pedacitos. Y estos pedacitos se mezclan con los pedacitos de roca rota.

▶ Traza una raya sobre las líneas punteadas para mostrar cómo se forma el suelo.

Información acerca del suelo

Existen muchos tipos de suelo. Los suelos pueden tener colores y texturas distintas. La **textura** es la manera en que se siente algo al tacto. El color y la textura son dos propiedades del suelo.

Unos suelos son mejores que otros para cultivar plantas.

Propiedades del suelo

Color El color del suelo viene de las rocas y otras cosas que se encuentran en él.

Textura El tamaño y la forma de los pedacitos de roca forman diferentes texturas. Los seres que alguna vez estuvieron vivos también forman diferentes texturas.

▶ **Encierra en un círculo el suelo negro. Marca con una X el suelo más áspero.**

Resúmelo

① Enciérralo en un círculo

Encierra en un círculo la oración que sea <u>verdadera</u>.

Todos los suelos tienen algo de textura.

Los suelos pueden ser de distintos colores.

② Ordénalo

Escribe 1, 2, 3 para ordenar cómo se convierte una planta en parte del suelo.

_____ La planta se descompone en pedacitos.

_____ Una planta muerta cae al suelo.

_____ Los pedacitos pasan a formar parte del suelo.

③ Dibújalo

Dibuja una roca que tenga las propiedades que están en la casilla.

gris	larga	redonda

218

Nombre _____

Juego de palabras

Encuentra el camino a través del laberinto para unir cada palabra con su significado.

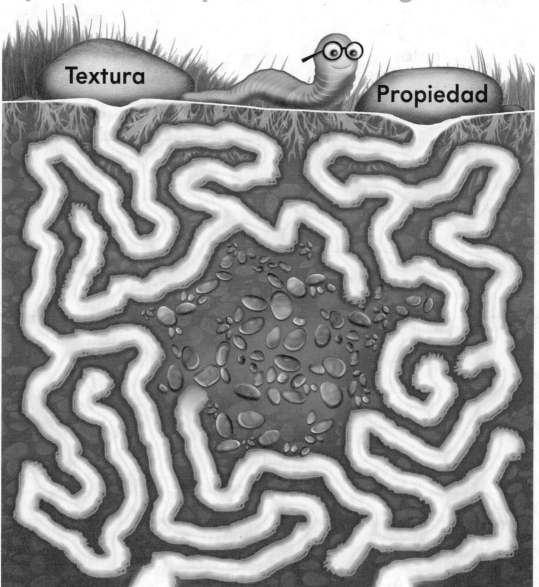

Textura

Propiedad

es cómo se siente un objeto al tacto.

es una parte que nos dice cómo es algo.

Aplica los conceptos

Nombra las propiedades de las rocas y el suelo.

Propiedades de las rocas y el suelo

Rocas	Suelo
color	textura
_____	_____
_____	¡Eres genial!

En familia: Con su niño, observe el suelo del exterior o de una maceta. Pida a su niño que diga las propiedades del suelo.

Para la casa

Nombre _____

Pregunta esencial

¿Qué observamos sobre las rocas?

Establece un propósito

Di lo que quieres descubrir.

_____

_____

Piensa en el procedimiento

❶ ¿Qué descubres al observar las rocas?

_____

_____

❷ ¿De qué maneras se clasifican las rocas?

_____

Anota tus datos

Dibuja o escribe sobre la manera en que clasificaste las rocas.

Cómo las clasifiqué		

Saca tus conclusiones

¿En qué se parecen y en qué se diferencian las rocas?

_____

_____

_____

Haz más preguntas

¿Qué otras cosas podrías probar de las rocas?

_____

_____

Nombre_____

Pregunta esencial

¿En qué se diferencian los suelos?

Establece un propósito

Di lo que quieres descubrir.

_____

Piensa en el procedimiento

❶ ¿Cuántas muestras de suelo compararás?

_____

❷ Menciona las propiedades que observarás del suelo.

_____

_____

_____

Anota tus datos

Dibuja y escribe para anotar lo que observes.

Propiedad	Muestra de suelo 1	Muestra de suelo 2
Color		
Textura		
Tamaño y forma de los pedacitos		
Seres vivos o que alguna vez tuvieron vida		

Saca tus conclusiones

¿En qué se parecen las muestras? ¿En qué se diferencian?

_____

_____

Haz más preguntas

¿Qué otras preguntas harías sobre el suelo?

_____

_____

¿Dónde se encuentra el agua?

Ponte a pensar

Halla la respuesta a la pregunta en la lección.

¿Qué parte de la superficie de la Tierra está cubierta por agua?

_____

Lectura con propósito

Vocabulario de la lección

1 Ojea la lección.

2 Escribe aquí los 4 términos de vocabulario.

_____ _____

_____ _____

Tan dulce

La mayoría de las plantas y los animales necesitan agua dulce. Los seres humanos también necesitan agua dulce. El agua dulce no tiene sal y se encuentra en muchos lugares.

Arroyos

Un **arroyo** es un cuerpo pequeño de agua corriente.

Ríos

Algunos arroyos desembocan en ríos. Un **río** es un cuerpo grande de agua corriente.

▶ **¿En qué se diferencian los lagos de los arroyos y los ríos?**

_____

_____

Lagos

Un **lago** es un cuerpo de agua dulce
rodeado completamente por tierra.
El agua de un lago no fluye.

Tan salada

El agua también se encuentra en los océanos. Cada **océano** es un cuerpo grande de agua salada. La mayor parte del agua de la Tierra está en los océanos.

Lectura con propósito

Un detalle es un hecho acerca de la idea principal. Subraya un detalle. Dibuja una flecha hasta la idea principal a la que se refiere.

surfista en el océano

Alrededor de $\frac{3}{4}$, o tres cuartas partes, de la Tierra están cubiertas de agua. El resto está cubierto de tierra.

Este círculo es un modelo del agua y la tierra que cubren el planeta Tierra. Está dividido en 4 partes. Colorea las partes para mostrar la cantidad de agua que hay en la Tierra.

Ahora observa el círculo. ¿Cuántas partes del planeta están cubiertas de tierra?

Respuesta: _____

Agua maravillosa

Todos los seres vivos necesitan agua. Las plantas, los animales y las personas la necesitan para estar sanos.

La gente bebe agua.

Los animales beben agua.

¡Cuida el agua de la Tierra!

Debemos proteger el agua y mantenerla limpia.

Sigue estos consejos para colaborar.

El agua fluye a través de este dique.

1. Gasta menos agua en las bañeras y las duchas.
2. Arregla las cañerías o las llaves que gotean.
3. ¡Pon la basura en los cubos de basura! Nunca tires basura al agua.

▶ **Agrega tu propio consejo para proteger el agua de la Tierra.**

_____

_____

_____

Las plantas también necesitan agua.

¡Lánzate con seguridad!

Seguridad en el agua

- Aprende a nadar.
- Nunca nades solo.
- Observa el estado del tiempo.
- Ponte el chaleco salvavidas cuando navegues.
- No te zambullas en aguas poco profundas.
- En caso de emergencia, llama al 911.

¿Has estado en una piscina, en una playa o en un lago? ¿Fuiste a nadar? ¿Navegaste en bote? ¿Qué hiciste por tu seguridad?

▶ **Haz una lista de lo que hiciste para protegerte en el agua o cerca de ella.**

_____

_____

_____

_____

_____

_____

Resúmelo

① Rotúlalo

Rotula cada ilustración. Usa estas palabras.

arroyo   lago   río   océano

_____ _____ _____ _____

② Dibújalo

¿Qué hay que hacer para estar seguros en el agua? Dibújalo en la ilustración.

Nombre _____

Juego de palabras

Completa los espacios con estas palabras.

| océano | lago | recurso natural | arroyo | cuerpo | agua dulce |

El agua es un __ Ⓞ __ __ __ __ __ __ __ __ __ __ __ __.

Los lagos tienen __ __ __ __ __ __ Ⓞ __ __.

El Ⓞ __ __ __ __ __ es un río pequeñito.

El agua de un __ __ Ⓞ __ no fluye.

El río es un __ Ⓞ __ __ __ __ de agua dulce.

El __ __ __ Ⓞ __ __ tiene agua salada.

Ahora, usa las letras encerradas en un círculo para completar la siguiente oración.

¡ __ __ __ __ __ __ nos sirve de muchas maneras!

Aplica los conceptos

Escribe tu respuesta a cada pregunta.

1 ¿Por qué necesitamos agua?

_____

_____

_____

2 ¿Cómo podemos estar seguros en el agua?

• _____

• _____

• _____

• _____

Para la casa

En familia: Intente junto con su niño identificar las maneras de ahorrar el agua de casa.

¿Cómo podemos ahorrar los recursos?

Ponte a pensar

Halla la respuesta a la pregunta en la lección.

Para este tipo de arte se utilizan cosas viejas para hacer algo nuevo. ¿Cómo ayuda esto a la Tierra?

Produce menos

_____.

Lectura con propósito

Vocabulario de la lección

1 Ojea la lección.

2 Escribe aquí los 4 términos de vocabulario.

_____ _____

_____ _____

¡Qué desperdicio!

La **polución** son los desperdicios que le hacen daño a la tierra, al agua y al aire. Es capaz de enfermar a seres humanos y animales. Las plantas también pueden enfermarse. Es peligroso beber agua con polución. La polución también ensucia el aire. Es peligroso respirar aire sucio. Todos necesitamos recursos limpios.

Lectura con propósito

Halla la oración que dice el significado de **polución.** Subraya la oración.

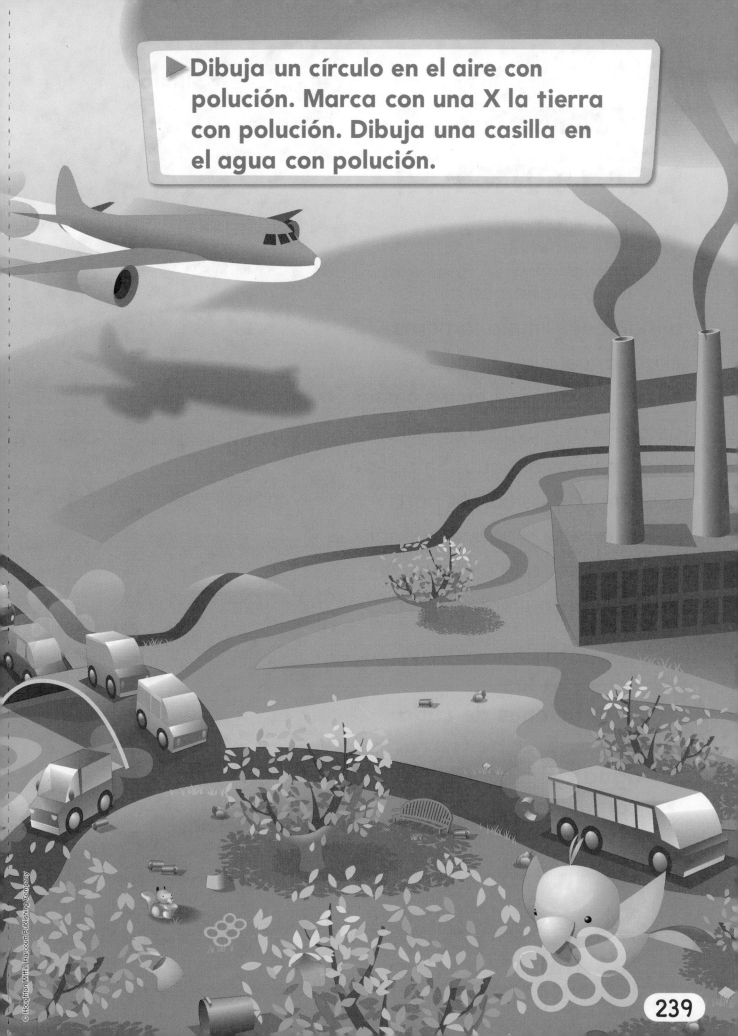

▶ Dibuja un círculo en el aire con polución. Marca con una X la tierra con polución. Dibuja una casilla en el agua con polución.

Soluciones para evitar la polución

Todos podemos ayudar a mantener limpia la tierra, el agua y el aire. Se puede colocar la basura en los cestos de basura. Y evitar arrojar desperdicios al agua. Se puede usar menos los carros para que el aire se mantenga limpio. Y los árboles que plantemos servirán para limpiar el aire.

▶ Observa las ilustraciones de cada hilera. Escribe <u>tierra</u>, <u>agua</u> o <u>aire</u> para completar cada oración.

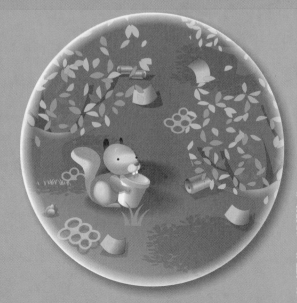

240

Cómo ayudar

La gente monta
en bicicleta. Esto
mantiene limpio
_____.

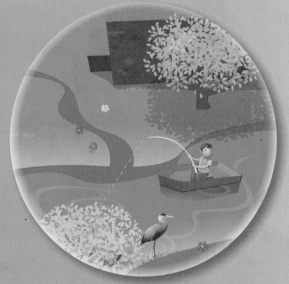

La gente no arroja
desperdicios
al agua. Esto
mantiene limpia
_____.

La gente coloca la
basura en cestos
de basura. Esto
mantiene limpio
_____.

241

© Houghton Mifflin Harcourt Publishing Company

¡Cuidados para la Tierra!

Puedes cuidar los recursos si los usas menos. Puedes reducir, reutilizar y reciclar. Esto produce menos basura.

Reducir es usar menos cantidad de algo. Si cerramos la llave, usamos menos agua. **Reutilizar** es volver a usar algo. Podemos hacer un portalápices de una lata para reutilizarla. **Reciclar** es usar cosas viejas para hacer cosas nuevas. Puedes reciclar el plástico de las botellas para hacer algo nuevo.

Lectura con propósito

Los efectos nos dicen qué sucede. Subraya dos veces un efecto de **reducir, reutilizar** y **reciclar.**

▶ Comenta la ilustración. Escribe **reducir, reutilizar** o **reciclar.**

_____

_____

Tan bueno como si fuera nuevo

¿Alguna vez usaste una camiseta hecha de botellas de plástico? ¡Tal vez sí! Hay muchas cosas viejas que se pueden reciclar y reutilizar. El metal de las latas puede reciclarse para hacer un bate de béisbol nuevo. Una lata de metal también puede reutilizarse como semillero. El papel también puede reutilizarse y reciclarse.

▶ **Empareja cada objeto de la izquierda con el objeto de la derecha en que se convierte.**

1 envase de leche

2 periódico

3 latas

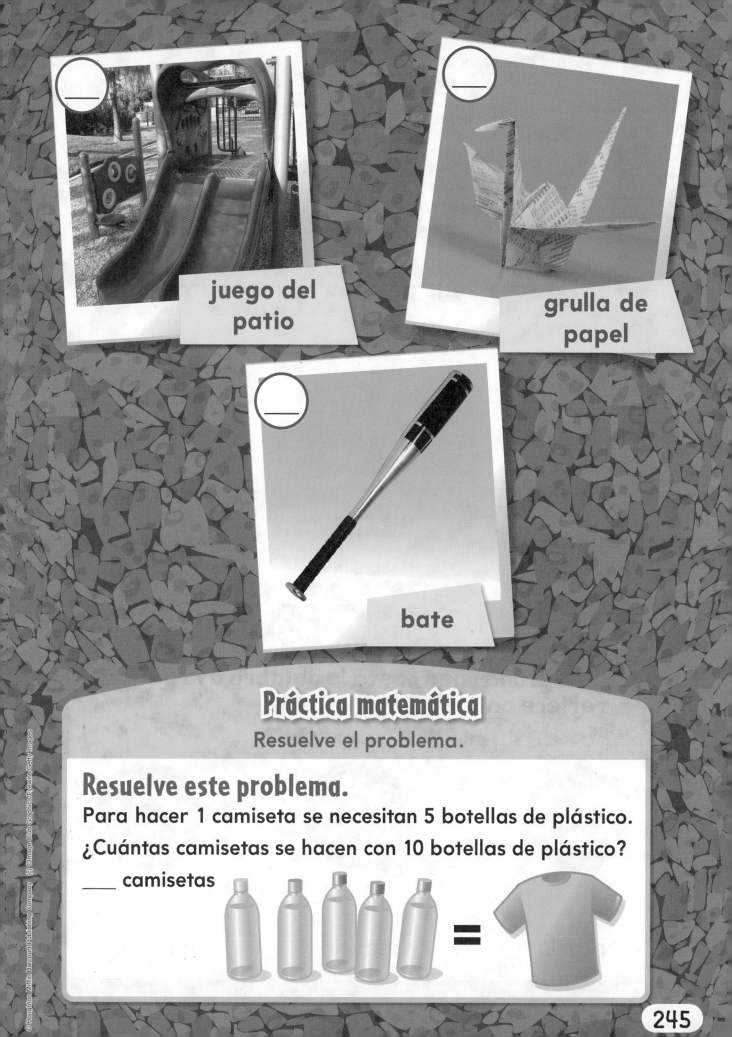

juego del patio

grulla de papel

bate

Práctica matemática
Resuelve el problema.

Resuelve este problema.
Para hacer 1 camiseta se necesitan 5 botellas de plástico.

¿Cuántas camisetas se hacen con 10 botellas de plástico?

___ camisetas

Resúmelo

1 Dibújalo

Haz un dibujo de tierra con polución.
Haz un dibujo de agua con polución.

tierra   agua

2 Emparéjalo

Dibuja una línea hasta la palabra a la que se refiere cada ilustración.

reciclar   reducir   reutilizar

Nombre _____

Juego de palabras

Completa la carta con estas palabras.

| polución | reducir | reutilizar | reciclar |

Querido Ben:

Me acabo de hacer miembro de un club. _____ lo que hacemos en papel para convertirlo en otras cosas. También intentamos _____ latas para hacer portalápices. Es una gran idea apagar las luces cuando salimos de una habitación. Esto ayuda a _____ el uso de los recursos.

Pronto recogeremos la basura del parque. La _____ podría hacerles daño a los seres vivos de allí. ¡Vayamos juntos al parque!

Tu amigo,
Ming

Aplica los conceptos

Escribe una palabra de la casilla para completar los espacios en blanco.

reducir	reutilizar	reciclar

Causa

Hice un florero al _____ una botella.

Efecto

Produzco menos basura.

Intento _____ todas las latas.

Las latas viejas sirven para hacer macetas nuevas.

Cierro la llave mientras me cepillo los dientes.

Así ayudo a _____ la cantidad de agua que uso.

Para la casa

En familia: Trabaje con su niño para identificar los objetos domésticos que se pueden reciclar o reutilizar. Busque maneras de reducir el uso de recursos en su casa.

Los carros se mejoran

Construir uno mejor

Casi todos los carros funcionan con gasolina y producen polución. Los ingenieros están haciendo carros nuevos que afectan menos al aire.

Los carros híbridos funcionan con gasolina y electricidad. Producen menos polución que un carro que funciona solo con gasolina.

Los carros eléctricos funcionan con electricidad. ¡No contaminan!

carro a gasolina

carro híbrido

carro eléctrico

Los carros eléctricos solo funcionan por un tiempo corto. Los ingenieros están trabajando en este problema.

¿Qué carro es mejor?

Lee las oraciones de abajo.
Luego responde las preguntas.

Quieres hacer un viaje corto en carro. Pero no quieres causar polución. ¿Qué carro elegirías para hacer el viaje? ¿Por qué?

_____

_____

_____

_____

Parte de la base

Resuelve un problema sobre la polución del aire. Completa **Resuélvelo: Usa menos carros** en el Rotafolio de investigación.

Repaso de vocabulario

Completa las oraciones con los términos de la casilla.

recursos naturales
polución
textura

1. Todas las cosas de la naturaleza que podemos usar son _____.

2. Los desperdicios que le hacen daño a la tierra, el agua y el aire se llaman _____.

3. La manera en que algo se siente al tacto es su _____.

Conceptos de ciencias

Rellena la burbuja con la letra de la mejor respuesta.

4. ¿Qué recurso natural beben las personas?
   Ⓐ el aire
   Ⓑ el suelo
   Ⓒ el agua

5. ¿Qué afirmación sobre un río es **verdadera**?
   Ⓐ Tiene tierra a sus costados.
   Ⓑ Puede fluir hacia el océano.
   Ⓒ No tiene agua dulce.

6. Aisha clasificó estas rocas en dos grupos.

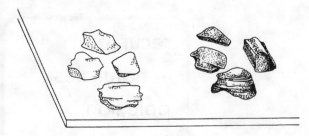

¿Por cuál propiedad las clasificó?

Ⓐ por color

Ⓑ por forma

Ⓒ por tamaño

7. ¿Por qué el suelo es de distintos colores?

Ⓐ Obtiene diferentes cantidades de lluvia.

Ⓑ Contiene distintos materiales.

Ⓒ Almacena diferentes cantidades de agua.

8. Los Yuan montan sus bicicletas cada vez que pueden. ¿Qué recurso natural están protegiendo?

Ⓐ el aire

Ⓑ las rocas

Ⓒ el agua

9. ¿Qué regla de seguridad en el agua no están siguiendo estas personas?

Ⓐ Aprender a nadar.

Ⓑ Nunca nadar solo.

Ⓒ Usar un chaleco salvavidas para andar en un bote.

10. ¿De qué está hecho el suelo?

　Ⓐ solo seres que alguna vez tuvieron vida

　Ⓑ solo rocas y agua

　Ⓒ seres que alguna tuvieron vida y rocas

11. ¿Qué cuerpo de agua dulce está rodeado completamente por tierra?

　Ⓐ un lago

　Ⓑ un río

　Ⓒ un arroyo

12. Este comedero de aves se hizo con un envase de leche.

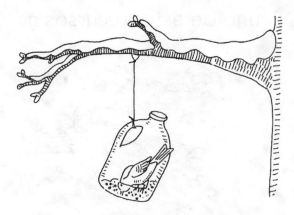

¿Qué palabra describe la manera en que se usa el envase de leche?

　Ⓐ reciclar

　Ⓑ reducir

　Ⓒ reutilizar

Investigación y La gran idea
Escribe las respuestas de estas preguntas.

13. Describe una manera en que se pueda usar cada uno de estos recursos naturales.

a.

_____

b.

_____

14. Describe cómo reutilizarías algo en casa o en la escuela. ¿Por qué al reutilizar las cosas estás ayudando al medioambiente?

_____

_____

_____

El tiempo y las estaciones

La gran idea

El tiempo cambia de un día a otro y de estación a estación. Hay varios instrumentos que sirven para medir el tiempo.

tiempo de invierno

Me pregunto por qué

Las estalactitas se forman en invierno. ¿Por qué?

Da vuelta a la página para descubrirlo.

Por esta razón El aire en invierno es frío. El agua líquida se congela por el aire frío y se pone sólida.

En esta unidad vas a aprender más sobre La gran idea, y a desarrollar las preguntas esenciales y las actividades del Rotafolio de investigación.

Niveles de investigación ■ Dirigida ■ **Guiada** ■ Independiente

Comprueba tu progreso

La gran idea El tiempo cambia de un día a otro y de estación a estación. Hay varios instrumentos que sirven para medir el tiempo.

Preguntas esenciales

¡Ya entiendo La gran idea!

Cuaderno de ciencias

No olvides escribir lo que piensas sobre la Pregunta esencial antes de estudiar cada lección.

Pregunta esencial

¿Qué es el tiempo?

Ponte a pensar

Halla la respuesta a la pregunta en la lección.

Por lo general, los arcoíris vienen después del tiempo lluvioso. ¿Qué instrumento te serviría para medir la cantidad de lluvia?

_____

Lectura con propósito

Vocabulario de la lección

1 Ojea la lección.

2 Escribe aquí los 3 términos de vocabulario.

_____   _____

_____

Ver el tiempo

Mira por la ventana. ¿Salió el sol? ¿El aire está cálido o frío? ¿Hay nubes? ¿Sientes algo de viento? El **viento** es el aire que se mueve.

El **tiempo** es el estado del aire libre. El tiempo puede cambiar durante el día. También puede cambiar de un día a otro y de un mes a otro.

Lectura con propósito

Un detalle es un hecho acerca de una idea principal. Subraya un detalle. Dibuja una flecha hasta la idea principal a la que se refiere.

¿Está nuboso o soleado?

¿Está ventoso o calmo?

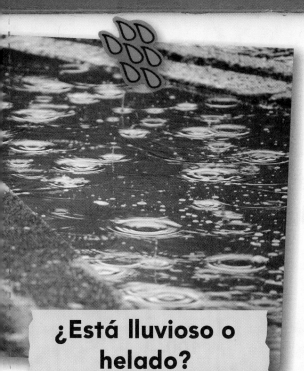

¿Está caluroso o frío?

¿Está lluvioso o helado?

¿Está nuboso o despejado?

▶ **Encierra en un círculo la palabra que explica el tiempo de cada foto.**

¡Mídelo!

Puedes medir el tiempo con instrumentos. El termómetro es un instrumento que mide la temperatura. La **temperatura** es la medida que muestra qué tan caliente o frío está algo. La temperatura se mide en grados.

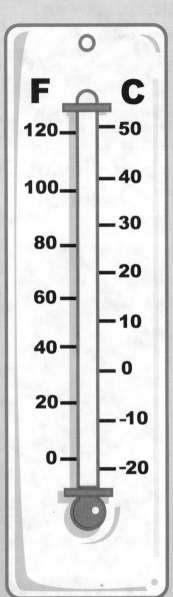

Lectura con propósito

Halla la oración que dice el significado de **temperatura**. Subraya la oración.

termómetro

▶ **Colorea el termómetro para mostrar 80 °F.**

La lluvia, la nieve, la aguanieve y el granizo son formas de agua que caen del cielo. El pluviómetro es un instrumento que mide qué cantidad de agua cae.

pluviómetro

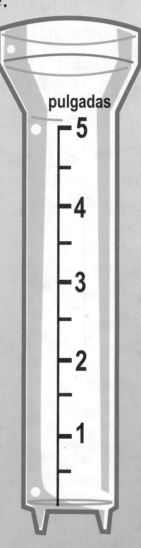

▶ **Colorea la lluvia del pluviómetro para mostrar que cayeron 3 pulgadas de lluvia.**

Predícelo

Los científicos observan y llevan registros del tiempo por períodos. Buscan los cambios del tiempo y utilizan instrumentos para saber qué tiempo podría hacer. Los científicos aplican lo que saben para hacer reportes del tiempo. Los reportes del tiempo son muy útiles. Al conocerlos nos preparamos para el tiempo que se avecina.

satélite climático

Práctica matemática

Compara los números

lunes	martes	miércoles

50 °F	40 °F	45 °F

Con estos instrumentos observamos y llevamos registros del tiempo.

estación meteorológica

globo meteorológico

Observa las temperaturas de la izquierda. Escribe una de ellas en la casilla vacía de abajo. Escribe >, < o = para comparar los dos números.

| 45 °F | ◯ | _____ °F |

Resúmelo

1 Enciérralo en un círculo

Haz un dibujo para mostrar un tiempo nuboso y ventoso.

2 Resuélvelo

Escribe una palabra referida al tiempo para resolverlo.

Me ves en los charcos del campo al aire libre. Y también cuando bajo del cielo en caída libre.

Soy la _____.

3 Emparéjalo

Empareja las palabras con las ilustraciones.

pluviómetro

termómetro

Nombre _____

Juego de palabras

Escribe una palabra de la casilla para cada pista.

viento	termómetro	temperatura

medida que muestra qué tan caliente o frío está algo

$\underset{1}{—}$ $—$ $\underset{5}{—}$ $—$ $—$ $—$ $—$ $—$

aire que se mueve

$—$ $\underset{2}{—}$ $\underset{3}{—}$ $—$ $—$

instrumento para medir la temperatura

$—$ $—$ $—$ $\underset{4}{—}$ $—$ $—$ $—$ $—$ $\underset{6}{—}$

Resuelve la adivinanza. Escribe las letras encerradas en un círculo en orden en las líneas de abajo.

Soy como está el aire de afuera.

¿Quién soy?

$\overline{1}$ $\overline{2}$ $\overline{3}$ $\overline{4}$ $\overline{5}$ $\overline{6}$

Aplica los conceptos

Escribe una palabra de la casilla para completar los espacios en blanco

| frío | ventoso | soleado | caluroso |

Observación	Inferencia
Los niños nadan en el lago.	El día está _____.
Los árboles se mueven hacia atrás y hacia adelante.	El día está _____.
La gente viste abrigos calientes.	El día está _____.
La gente lleva gafas de sol.	El día está _____.

Para la casa

En familia: Mire el pronóstico del tiempo con su niño. Pida a su niño que elija la ropa apropiada para el tiempo.

Rotafolio
de investigación,
pág. 33

Nombre _____

Pregunta esencial

¿Qué observamos acerca del tiempo?

Establece un propósito

Di lo que quieres descubrir.

_____

_____

Piensa en el procedimiento

❶ ¿Cuándo observarás el tiempo?

_____

_____

❷ ¿Qué observarás?

_____

_____

Anota tus datos

Pega tarjetas ilustradas en la tabla para mostrar el tiempo.

El tiempo durante esta semana

lunes	martes	miércoles	jueves	viernes

Saca tus conclusiones

¿En qué se parece el tiempo de un día a otro?

¿En qué se diferencia el tiempo de un día a otro?

_____

_____

¿Cómo hiciste tu predicción?

_____

Haz más preguntas

¿Qué otras preguntas harías sobre el tiempo?

_____

Tarjetas ilustradas

Recorta las tarjetas del tiempo por las líneas punteadas.

despejado	despejado	despejado	despejado	despejado
nuboso	nuboso	nuboso	nuboso	nuboso
lluvioso	lluvioso	lluvioso	lluvioso	lluvioso
helado	helado	helado	helado	helado
caluroso	caluroso	caluroso	caluroso	caluroso
frío	frío	frío	frío	frío
ventoso	ventoso	ventoso	ventoso	ventoso

4 cosas que debes saber sobre

June Bacon-Bercey

1 June Bacon-Bercey es meteoróloga.

2 Fue la primera meteoróloga de la televisión.

3 Con el dinero que ganó, June apoyó a otras mujeres para que se hicieran meteorólogas.

4 Disfruta la enseñanza.

El conocedor de palabras

▶ **Halla las palabras del tiempo en esta sopa de letras. Encierra en un círculo cada palabra que encuentres.**

tornado	huracán	rayo	trueno	tormenta	nevisca

```
t  o  r  m  e  n  t  a  p  j
m  r  o  t  b  v  o  d  l  h
n  z  v  i  e  z  r  q  s  u
e  d  g  m  d  j  n  l  b  r
v  c  f  j  m  r  a  y  o  a
i  o  z  l  g  s  d  x  c  c
s  t  r  u  e  n  o  v  q  a
c  q  w  e  r  t  y  u  i  n
a  a  s  d  f  h  b  j  z  s
q  s  e  d  r  t  f  y  n  i
```

© Houghton Mifflin Harcourt Publishing Company (bg) ©Zena Elea/Alamy

Pregunta esencial

¿Qué son las estaciones?

Ponte a pensar

Halla la respuesta a la pregunta en la lección.

¿En qué estación hay muchos árboles sin hojas?

_____

Lectura con propósito

Vocabulario de la lección

1 Ojea la lección.

2 Escribe aquí los 2 términos de vocabulario.

_____ _____

273

De primavera en primavera

Cada **estación** es una época del año. La primavera, el verano, el otoño y el invierno son las cuatro estaciones. Forman un patrón que se repite.

El tiempo cambia con cada estación. Estos cambios forman un patrón del tiempo. El **patrón del tiempo** es un cambio de tiempo que se repite.

Lectura con propósito

Halla la oración que dice el significado de **estación**. Subraya la oración.

En la primavera se plantan flores.

En primavera el aire es cálido.
Hay muchísimos días lluviosos. Las plantas
comienzan a crecer. A los árboles les crecen
hojas nuevas. Y la gente sale con abrigos
livianos.

▶ Encierra en un círculo
el adulto que tiene
crías en primavera.

Ciertos animales
tienen sus crías en
primavera.

Verano soleado

El verano es la estación que viene después de la primavera. En verano, el aire puede calentarse. En algunos lugares hay tormentas. El día tiene más horas de luz que en primavera.

En verano a algunas plantas les crecen frutos. Los animales jóvenes crecen más. La gente se pone ropa fresca. Se ponen sombreros y gafas de sol para protegerse del sol.

▶ **Dibújale un objeto a la persona adulta para protegerla del sol.**

En verano la gente sale en canoas.

► **Haz un dibujo para mostrar cómo se ve la mayoría de los árboles en verano.**

El pelaje de esta liebre es marrón en verano. El pelaje marrón permite que la liebre se esconda.

De otoño en otoño

El otoño es la estación que viene después del verano. El aire se pone más frío. El día tiene menos horas de luz que en verano.

Las hojas cambian de color y se caen de los árboles. Ciertos animales se van a lugares más cálidos. La gente se pone abrigos para mantener el calor.

Lectura con propósito

Un detalle es un hecho acerca de una idea principal. Subraya un detalle. Dibuja una flecha hasta la idea principal a la que se refiere.

En otoño la gente rastrilla las hojas.

Haz un dibujo para mostrar cómo se ven los árboles en otoño.

Ciertos animales buscan alimento que almacenan para el invierno.

Tiempo de invierno

El invierno es la estación que viene después del otoño. En algunos lugares, el aire se enfría. Incluso cae nieve. El invierno tiene los días con la menor cantidad de horas de luz.

A muchos árboles se les caen las hojas en invierno. A algunos animales les crece más pelaje para mantener el calor. La gente se pone abrigos gruesos. En pocos meses regresará la primavera.

▶ **Dibújale ropa de invierno a la persona que no está vestida para la estación.**

En invierno jugamos con nieve.

▶ Haz un dibujo para mostrar cómo se ve la mayoría de los árboles en invierno.

El pelaje de la liebre se puso blanco. Así la liebre puede esconderse en la nieve.

Resúmelo

① Resuélvelo

Resuelve la adivinanza

Soy una época
de un año,
cualquiera.
Soy verano, otoño,
invierno o
primavera.
Soy una _____.

② Dibújalo

Dibuja una actividad que puedas hacer en primavera.

③ Emparéjalo

Empareja cada palabra con su ilustración.

verano

invierno

otoño

Nombre _____

Juego de palabras

Completa el crucigrama con estas palabras.

estación	patrón del tiempo	invierno
primavera	verano	otoño

Horizontales

1. estación que viene después de otoño

2. estación que viene después de primavera

3. estación que viene después de verano

Verticales

4. época del año

5. estación que viene después de invierno

6. cambio en el tiempo que se repite

Aplica los conceptos

Tacha las cosas que <u>no</u> pertenecen en cada ilustración.

Para la casa

En familia: Planee actividades en familia para las cuatro estaciones. Comente con su niño cómo el tiempo afecta lo que hacen y la ropa que usan.

S.T.E.M.
Ingeniería y tecnología

La sabiduría del tiempo

Instrumentos para el tiempo

Hay muchos instrumentos para observar y llevar registros del tiempo. Los instrumentos han cambiado a través de la historia. Las veletas son instrumentos antiguos. Los satélites meteorológicos son instrumentos modernos.

El termómetro mide la temperatura.

El satélite meteorológico lleva registros del tiempo desde el espacio.

La veleta nos dice la dirección del viento.

El avión meteorológico lleva registros del tiempo desde el cielo.

Línea cronológica de los instrumentos del tiempo

Usa la línea cronológica para responder las preguntas.

1. ¿Cuál es el instrumento más antiguo? Enciérralo en un círculo.

2. ¿Cuál es el instrumento más moderno? Dibújale una casilla alrededor.

3. ¿Qué instrumento viene después del termómetro? Márcalo con una X.

Parte de la base

Diseña y construye tu propio pluviómetro. Completa **Construyelo: Un pluviómetro** en el Rotafolio de investigación.

Repaso de vocabulario
Completa las oraciones con los términos de la casilla.

| estación |
| patrón del tiempo |
| tiempo |

1. La manera en que está el aire en el exterior se llama

_____.

2. Una época del año se llama

_____.

3. Un cambio en el tiempo que se repite es

un _____.

Conceptos de ciencias
Rellena la burbuja con la letra de la mejor respuesta.

4. ¿Con qué instrumento medirías para anotar la temperatura todos los días?
   (A) pluviómetro
   (B) termómetro
   (C) veleta

5. Ves nubes oscuras en el cielo. ¿Qué tipo de tiempo es **más probable** que venga?
   (A) tiempo frío
   (B) tiempo lluvioso
   (C) tiempo soleado

6. ¿En qué estación nació este corderito?

Ⓐ otoño

Ⓑ primavera

Ⓒ verano

7. La familia Johnson sale a patinar. Se ponen abrigos gruesos. ¿En qué estación están?

Ⓐ primavera

Ⓑ verano

Ⓒ invierno

8. ¿En qué se **diferencia** el otoño de la primavera?

Ⓐ Otoño es una estación.

Ⓑ La gente se pone abrigos en primavera.

Ⓒ A muchos árboles se les caen las hojas en otoño.

9. ¿Qué mide un pluviómetro?

Ⓐ la dirección del viento

Ⓑ cuánta lluvia ha caído

Ⓒ la temperatura del aire

10. Observa esta ilustración. ¿Cómo está el tiempo?

Ⓐ despejado y frío
Ⓑ frío y nevoso
Ⓒ ventoso y caluroso

11. ¿Qué es el viento?

Ⓐ aire que se mueve
Ⓑ agua del cielo
Ⓒ un instrumento para medir la temperatura

12. Observa lo que hacen los niños.

¿Qué estación es?
Ⓐ otoño
Ⓑ primavera
Ⓒ verano

Investigación y La gran idea

Escribe las respuestas de estas preguntas.

13. Observa la ilustración.

   a. ¿Cómo está el tiempo?

_____

   b. ¿Qué ropa te pondrías en un día como este?

_____

   c. ¿Qué harías en un día como este?

_____

14. Observa el árbol.

   a. ¿Qué estación es? ¿Cómo lo sabes?

_____

_____

   b. ¿Qué estación viene después?

_____

UNIDAD 8

Objetos en el cielo

la Luna en el cielo de noche

La gran idea

El Sol calienta la tierra, el aire y el agua. La apariencia de los objetos en el cielo cambia.

Me pregunto por qué

La Luna se ve iluminada en el cielo de noche. ¿Por qué?

Da vuelta a la página para descubrirlo.

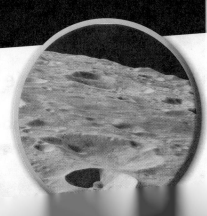

Por esta razón La Luna refleja la luz del Sol. Esto hace que se vea iluminada durante la noche.

En esta unidad vas a aprender más sobre La gran idea, y a desarrollar las preguntas esenciales y las actividades del Rotafolio de investigación.

Niveles de investigación ■ Dirigida ■ **Guiada** ■ Independiente

Comprueba tu progreso

La gran idea El Sol calienta la tierra, el aire y el agua. La apariencia de los objetos en el cielo cambia.

Preguntas esenciales

¡Ya entiendo La gran idea!

Cuaderno de ciencias

No olvides escribir lo que piensas sobre la Pregunta esencial antes de estudiar cada lección

© Houghton Mifflin Harcourt Publishing Company (bkgd) © Chuck Pefley/Getty Images

Pregunta esencial

¿Qué vemos en el cielo?

Ponte a pensar

Halla la respuesta a la pregunta en la lección.

¿Cuándo se ve la Luna?

_____

Lectura con propósito

Vocabulario de la lección

1 Ojea la lección.

2 Escribe aquí los 5 términos de vocabulario.

_____ _____

_____ _____

_____

293

Buenos días, Sol

¡Mira hacia arriba! De día se ven muchas cosas en el cielo. Entre ellas se ve el Sol. El **Sol** es la estrella más cercana a la Tierra. Una **estrella** es un objeto que está en el cielo y emite su propia luz. El Sol le da luz y calor a la Tierra.

Durante el día también se ven las nubes del cielo. Y a veces hasta se ve la Luna.

Lectura con propósito

La idea principal es la idea más importante sobre algo. Subraya dos veces la idea principal.

nubes

▶ ¿Qué se ve en el cielo durante el día? Mira por la ventana. Dibuja lo que ves.

Buenas noches, cielo

Luna

De noche se ven muchas cosas en el cielo. Se ve la Luna. La **Luna** es una esfera grande, o una bola de roca. No emite luz propia. De noche también se ven las nubes.

Lectura con propósito

Subraya un detalle. Dibuja una flecha hasta la idea principal a la que se refiere.

Los estrellas se ven en el cielo durante la noche. Hay demasiadas para contarlas. Las estrellas no están espaciadas uniformemente en el cielo.

estrella

Práctica matemática

Compara formas sólidas

Muchos objetos del cielo son esferas. Una esfera es una pelota redonda. La Luna es una esfera. El Sol también es una esfera. Colorea las esferas de esta ilustración.

Ojo con el cielo

Las estrellas y otros objetos que hay en el cielo se ven pequeños. Pero podemos aumentarlos para que se vean mejor. **Aumentar** significa hacer que algo se vea más grande. El **telescopio** es un instrumento que aumenta el tamaño en que se ven los objetos del cielo.

telescopio

▶ ¿Qué ilustración muestra la Luna vista a través de un telescopio? Márcala con una X.

Ambas ilustraciones muestran la Luna.

Resúmelo

① Resuélvelo

Resuelve la adivinanza.

Soy el instrumento de
aumentar estrellas.
¡Observa qué vista
    tan bella
del cielo te doy!
    ¿Ya sabes qué soy?

_____

② Enciérralo en un círculo

Encierra en un círculo verdadero o falso.

Las estrellas están
uniformemente
espaciadas en el cielo.

verdadero   falso

Las estrellas emiten luz
propia.

verdadero   falso

③ Dibújalo

Dibuja lo que se ve en el cielo en ambos momentos.

día	noche

Nombre _____

Juego de palabras

Ordena las letras para completar cada oración.

▲▲▲▲▲▲▲▲▲▲▲▲▲▲▲▲▲▲▲▲▲▲▲▲

◄ **Sol   estrella   telescopio   aumentar   Luna** ►

▼▼▼▼▼▼▼▼▼▼▼▼▼▼▼▼▼▼▼▼▼▼▼▼

ulna   La ___ ___ ___ ___ es una pelota grande de roca.

rletlsea   Una ___ ___ ___ ___ ___ ___ ___ ___ emite luz propia.

eletpscoio El ___ ___ ___ ___ ___ ___ ___ ___ ___ ___ es un instrumento que sirve para que las cosas se vean más grandes.

osl   El ___ ___ ___ es una estrella que vemos durante el día.

umantrae   ___ ___ ___ ___ ___ ___ ___ ___ significa hacer que las cosas se vean más grandes.

1 Completa el diagrama para comparar.
Usa estas palabras.

Sol   estrellas   nubes   Luna

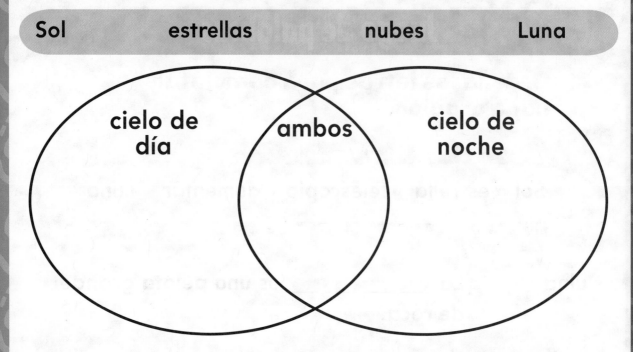

cielo de día   ambos   cielo de noche

2 Dibuja un cielo de noche lleno de estrellas.

En familia: Observe el cielo de noche con su niño. Pida que le explique en qué se diferencia del cielo de día.

4

cosas que debes saber sobre

Galileo Galilei

1 Galileo vivió en Italia hace más de 400 años.

2 Con su telescopio los objetos se veían 20 veces más grandes.

3 Descubrió las manchas del Sol.

4 Descubrió que el planeta Júpiter tiene cuatro lunas.

Una cosa lleva a la otra

Galileo observó el Sol y los planetas con su telescopio.

Comprobó que la Tierra gira alrededor del Sol.

▶ **Todos pensaban que el Sol giraba alrededor de la Tierra. Galileo demostró que eso era incorrecto. ¿Por qué es esto importante?**

_____

_____

_____

© Houghton Mifflin Harcourt Publishing Company (bkg) ©Stockirek/Getty Images (c) ©Grant Toriol/Photo Researchers, Inc.

Pregunta esencial

¿Por qué parece cambiar el cielo?

Ponte a pensar

Halla la respuesta a la pregunta en la lección.

¿Por qué parece que el Sol se mueve a través del cielo?

La Tierra _____.

Lectura con propósito

Vocabulario de la lección

1 Ojea la lección.

2 Escribe aquí los 2 términos de vocabulario.

_____ _____

Hola, sombra

El Sol es el objeto más brillante en el cielo de día. Calienta la superficie de la Tierra, el aire y el agua. El Sol parece moverse a través del cielo. Cada día, la Tierra da un giro completo.

mañana

La luz del Sol produce sombras. La **sombra** es un lugar oscuro que se produce donde un objeto bloquea la luz. Las sombras cambian a medida que la Tierra se mueve. La luz del Sol ilumina los objetos desde distintas direcciones con el paso del día. Las sombras cambian de tamaño durante el día. También cambian de posición.

▶ **¿En qué momento del día la sombra de la niña es más corta?**

_____

mediodía

tarde

Apenas una fase

Ahora es de noche. Puedes ver las estrellas. Puedes ver la Luna. La Luna es una bola de roca enorme. No emite luz propia. La Luna refleja la luz del Sol.

Lectura con propósito

Un detalle es un hecho acerca de una idea principal. Subraya un detalle. Dibuja una flecha hasta la idea principal a la que se refiere.

luna nueva

cuarto creciente

La Luna se mueve a través del cielo. Su forma parece cambiar. Las **fases**, o las formas que ves, cambian a medida que la Luna se mueve.

▶ **Hoy hay luna llena. Escribe cuál será la fase de la Luna dentro de aproximadamente un mes.**

_____

luna llena

cuarto menguante

Día nuboso, noche estrellada

Puedes ver las estrellas en el cielo de noche. Las estrellas emiten luz. En cada estación se ven estrellas distintas.

Puedes ver nubes tanto en el cielo de día como en el cielo de noche. Las nubes cambian de forma de un día a otro.

Estas estrellas se ven en invierno.

Estas estrellas se ven en verano.

Este tipo de nubes puede traer lluvia.

Este tipo de nubes aparece en los días soleados.

▶ **Dibuja una nube que pueda traer lluvia.**

Resúmelo

1 Resuélvelo

Resuelve la adivinanza

Soy gruesa o delgada.
Soy blanca o soy gris
Salgo algunos días
y me voy en un tris.
Soy una

_____.

2 Dibújalo

Dibuja la sombra del niño cuando es de mañana.

3 Márcalo

Tacha la ilustración de la luna llena. Coloca una casilla alrededor de la ilustración de la luna nueva.

Nombre _____

Juego de palabras

Rotula cada ilustración con una palabra de la casilla. Une la palabra con su significado.

sol	fases	sombra

lugar oscuro que se produce donde un objeto bloquea la luz

_____

formas que ves de la Luna

_____

el objeto más brillante en el cielo de día

_____

Aplica los conceptos

Escribe las palabras que digan más sobre cada columna. Cada palabra puede usarse más de una vez.

| sol | nubes | estrellas | luna |

Cielo de día	Cielo de noche	Emite luz propia	Se mueve o parece moverse
_____	_____	_____	_____
_____	_____	_____	_____
_____	_____		_____
			_____

Para la casa

En familia: Observe la Luna con su niño durante varias noches seguidas. Pida a su niño que describa por qué la Luna parece cambiar de forma.

Nombre _____

Pregunta esencial

¿Por qué parece que el Sol se mueve?

Establece un propósito
Explica lo que quieres descubrir.

_____

_____

Piensa en el procedimiento
❶ ¿Cuándo verás tu sombra?

_____

_____

❷ ¿Cómo sabrás que tu sombra cambia?

_____

Anota tus datos

Escribe en la tabla el número de zapatos.

Longitud de mi sombra

Mañana	Mediodía	Tarde
_____ zapatos de largo	_____ zapatos de largo	_____ zapatos de largo

Saca tus conclusiones

¿Cómo cambió tu sombra de la mañana al mediodía?

_____

¿Cómo cambió del mediodía a la tarde?

_____

¿Por qué crees que cambió tu sombra?

_____

_____

Haz más preguntas

¿Qué otras preguntas harías sobre las sombras?

_____

_____

Mira la luz

Vamos a comparar linternas

Las luces te permiten ver lo que haces. Te permiten ir de un lugar a otro de noche. Los edificios brillan de noche por las luces que tienen adentro.

Las linternas sirven para iluminar los espacios oscuros. Funcionan de distintas maneras.

- tiene un interruptor
- necesita pilas
- ilumina de inmediato

- tiene una manivela
- no necesita pilas
- toma tiempo en encender

S.T.E.M.
continuación

Ideas brillantes

Piensa en un tipo de luz, como una lámpara.
¿Cómo podrías mejorarla? Dibuja tu diseño.
Comenta cómo funciona tu diseño.

_____

_____

Parte de la base

Diseña las luces de un estadio. Completa **Diséñalo:**
Luces para un estadio en el Rotafolio de investigación.

Repaso de vocabulario

Completa las oraciones con los términos de la casilla.

| fases |
| sombra |
| estrella |

1. Un objeto en el cielo que emite luz propia es una

   _____.

2. El lugar oscuro que se produce donde un objeto bloquea la luz es una

   _____.

3. Las formas que ves de la Luna a medida que se mueve son sus

   _____.

Conceptos de ciencias

Rellena la burbuja con la letra de la mejor respuesta.

4. ¿Cuántas estrellas hay en el cielo?

   Ⓐ aproximadamente 20

   Ⓑ no hay suficientes para contarlas

   Ⓒ hay demasiadas para contarlas

5. ¿Qué objetos se ven en el cielo de noche?

   Ⓐ el Sol y las nubes

   Ⓑ la Luna y las estrellas

   Ⓒ el Sol y la Luna

6. ¿Qué calienta la superficie, el agua y el aire de la Tierra?

Ⓐ las nubes

Ⓑ la Luna

Ⓒ el Sol

7. ¿Qué fase de la Luna muestra esta ilustración?

Ⓐ luna llena

Ⓑ luna nueva

Ⓒ cuarto creciente

8. ¿Qué pasa cuando la Tierra gira?

Ⓐ El Sol calienta la Tierra.

Ⓑ La Luna tiene fases.

Ⓒ El Sol parece moverse a través del cielo.

9. ¿Cómo se ven las estrellas en el cielo de noche?

Ⓐ No están espaciadas uniformemente.

Ⓑ Están dispuestas en un patrón de anillos.

Ⓒ Están espaciadas uniformemente en todo cielo.

10. ¿Qué ilustración muestra la bandera al final del día?

Ⓐ La ilustración con la sombra larga.

Ⓑ La ilustración con la sombra corta.

Ⓒ Ambas ilustraciones muestran la bandera al final del día.

11. En una noche de invierno Yari ve distintas estrellas que en una noche de verano. ¿Por qué?

Ⓐ Solo se ven estrellas en el cielo de invierno.

Ⓑ Las nubes bloquean las estrellas en verano.

Ⓒ En cada estación se ven estrellas distintas.

12. ¿Qué objetos puedes ver en el cielo durante el día y durante la noche?

Ⓐ

Ⓑ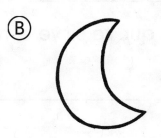

Ⓒ

Investigación y La gran idea

Escribe las respuestas de estas preguntas.

13. Quieres tener una vista más cercana de las estrellas en el cielo.

   a. ¿Qué instrumento te permite ver mejor las estrellas?

   _____

   b. ¿Para qué te sirve este instrumento?

   _____

   _____

14. Compara y contrasta las estrellas y la Luna.

   a. Explica una manera en que se parecen.

   _____

   _____

   b. Explica una manera en que se diferencian.

   _____

   _____

Todo acerca de la materia

La gran idea

Todos los objetos son materia. La materia puede cambiar a distintas formas

castillo de arena

Me pregunto por qué

Usamos las palabras <u>marrón</u> y <u>áspero</u> para describir este castillo de arena. ¿Por qué?

Da vuelta a la página para descubrirlo.

Por esta razón Marrón y áspero son propiedades del castillo de arena. Una propiedad es una parte que nos dice cómo es algo.

En esta unidad vas a aprender más sobre La gran idea, y a desarrollar las preguntas esenciales y las actividades del Rotafolio de investigación.

Niveles de investigación ■ Dirigida ■ **Guiada** ■ Independiente

comprueba tu progreso

La gran idea Todos los objetos son materia. La materia puede cambiar a distintas formas.
Preguntas esenciales

¡Ya entiendo La gran idea!

Cuaderno de ciencias

No olvides escribir lo que piensas sobre la Pregunta esencial antes de estudiar cada lección.

Pregunta esencial

¿Qué observamos en los objetos?

Halla la respuesta a la pregunta en la lección.

¿En qué se parecen los bloques de este conejo?

Todos son

_____ .

Lectura con propósito

Vocabulario de la lección

1 Ojea la lección.

2 Escribe aquí los 5 términos de vocabulario.

_____ _____

_____ _____

_____

Por qué la materia es importante

Mira a tu alrededor. ¿Qué ves? ¿Hay árboles, juguetes o libros? Todas esas cosas son materia. La **materia** es cualquier cosa que ocupa espacio. ¡Hasta el aire que respiras es materia!

Lectura con propósito

La idea principal es la idea más importante acerca de algo. Subraya dos veces la idea principal.

Mira la pelota, el reloj y el niño. Marca con una X cada cosa que sea materia.

¿Cómo es?

Cada **propiedad** de la materia nos dice cómo es algo. El tamaño, el color, la forma y la textura son propiedades. La **textura** es cómo se siente algo al tocarlo.

Lectura con propósito

Halla la oración que dice el significado de propiedad. Luego, subraya la oración.

Tamaño

Grande y **pequeño** son palabras que nos dicen el tamaño.

Forma

Estrella y **corazón** son palabras que nos dicen la forma.

▶ **En cada casilla, marca con una X el objeto que no va en el grupo.**

Color

Rojo y **azul** son palabras que nos dicen el color.

Textura

Suave y **duro** son palabras que nos dicen la textura.

¿Pesado o liviano?

Ciertas cosas se sienten livianas cuando las levantas. Otras cosas se sienten pesadas. El **peso** es la medida de lo pesado que se siente un objeto.

pesado

liviano

Práctica matemática

Ordenar por el peso

Ordena los objetos del más liviano al más pesado. Escribe 1 bajo el objeto más liviano y escribe 3 bajo el objeto más pesado.

pintura

_____

clip

_____

marcador

_____

330

¿Caliente o frío?

¿Qué tan caliente es una pizza? ¿Qué tan frío es un helado en paleta? Lo sabemos por la temperatura. La **temperatura** es la medida que muestra qué tan caliente está algo.

pizza

helado en paleta

chocolate caliente

limonada

▶ Dibuja algo caliente.

▶ Dibuja algo frío.

¿Flota o se hunde?

Piensa en lo que les pasa a las cosas en una bañera o en una piscina. Las esponjas se quedan en la superficie del agua. Las barras de jabón se hunden hasta el fondo.

Los objetos que flotan, se quedan en la superficie. Los objetos que se hunden, caen hasta el fondo.

▶ Encierra en un círculo lo que flota. Marca con una X lo que se hunde.

La canoa con gente es grande y pesada.

¿Por qué flota?

¿Cómo hacen que ese bote flote?

Mira el bote de arcilla y la pelota de arcilla. La pelota se hunde. El bote flota. ¿Por qué? La pelota y el bote tienen formas diferentes. El bote flota por la forma que tiene. A veces las cosas se hunden o flotan si les cambiamos la forma.

Resúmelo

① Elígelo

Encierra en un círculo cada forma de color azul.
Marca los cuadrados con una X.
Subraya los círculos grandes.

② Márcalo

Marca con una X el perro pequeñito.

③ Escríbelo

¿Este juguete es suave o duro?
Escribe la palabra.

_____

Nombre _____

Juego de palabras

Escribe una palabra de la casilla bajo cada definición.

propiedad	peso	textura	temperatura

medida que muestra qué tan caliente está algo

__(3)__ — __(1)__ — __ — __ — __ __(7)__ __ — __ __ — __ __

manera en que se siente un objeto al tacto

__ — __ __ — __ __ — __ __ — __ __(2)__

medida de lo pesado que se siente un objeto

__ — __(4)__ __ — __ __

nos dice una parte de cómo es algo

__ — __(5)__ __ — __ __(6)__ __ — __ __

Resuelve la adivinanza. Ordena las letras que quedaron en los círculos. Escríbelas sobre las líneas.

Soy cualquier cosa que ocupa espacio.
¿Qué soy? __ __ __ __ __ __ __
              1   2   3   4   5   6   7

1 Clasifica estas formas. Dibújalas una por una en el diagrama.

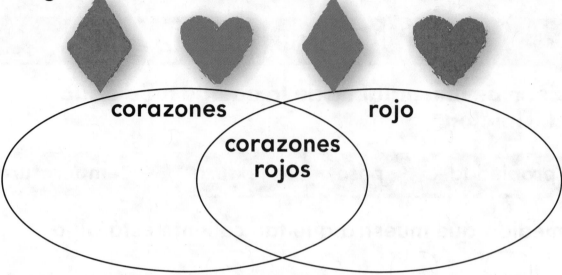

corazones   rojo

corazones
rojos

2 Encierra en un círculo las cosas que flotan.

Marca con una X las cosas que se hunden.

3 Escribe el nombre de algo caliente o dibújalo.

_____

Escribe el nombre de algo frío o dibújalo.

_____

En familia: Pídale a su niño que comente las propiedades de la materia. Señale un objeto de casa. Pídale a su niño que le hable sobre las propiedades del objeto.

Para la casa

336

Pregúntale a un cientifico de polimeros

¿Qué son los polímeros?

Los polímeros son un tipo de material. En la naturaleza hay varios polímeros, como la seda. Pero los científicos creamos otros polímeros, como los plásticos.

¿Qué hace un científico de polímeros?

Trabajo con distintos materiales e intento mejorarlos. Hay materiales que causan problemas. Entonces yo trato de resolver esos problemas.

¿Me dice uno de los problemas en que trabajan los científicos de polímeros?

Hay polímeros que tardan años en deshacerse y eso produce mucha basura. Los científicos queremos inventar polímeros que se deshagan más rápido para que haya menos basura.

¡Es tu turno!

▶ ¿Qué pregunta harías?

_____

_____

_____

_____

Juego de polímeros

▶ **Piensa en lo que estudia un científico de polímeros. Haz una lista de polímeros en las siguientes líneas.**

pelota de hule

espuma de embalaje

juguete de plástico

bolsas de plástico

1 _____

2 _____

3 _____

4 _____

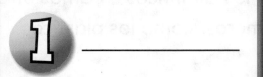

Dato curioso

La concha de una langosta
es un polímero.

Pregunta esencial

¿Qué son los líquidos, los sólidos y los gases?

🧠 Ponte a pensar

Halla la respuesta a la pregunta en la lección.

¿En qué se diferencia el agua de las rocas y el metal?

_____

Lectura con propósito

Vocabulario de la lección

1 Ojea la lección.

2 Escribe aquí los 5 términos de vocabulario.

_____ _____

_____ _____

_____

Todo es materia

¿En qué se parecen las toallas, el agua y los globos?

La **materia** es cualquier cosa que ocupa espacio. La **masa** es la cantidad de materia que contiene un objeto.

La materia puede ser diferente. Los tipos de materia son los sólidos, los líquidos y los gases.

Lectura con propósito

A través de las palabras clave descubres en qué se parecen las cosas. Dibuja una casilla alrededor de la palabra clave **parecen**.

Encierra en un círculo los objetos de esta ilustración que estén hechos de materia.

Práctica matemática

Ordenar por masa

Puedes medir la masa con una balanza.

▶ Ordena los objetos por su masa. Escribe 1 para la masa menor. Escribe 3 para la masa mayor.

libro

marcador

témpera

_____   _____   _____

Sólido como una roca

Cada **sólido** es un tipo de materia que mantiene su forma. Las sandalias y las toallas son sólidos. ¿Qué sucede si mueves una sandalia? Sigue manteniendo su forma.

¿Qué otros sólidos podrías hallar en una fiesta de piscina?

sandalias

toallas

Lectura con propósito

La idea principal es la idea más importante sobre algo. Subraya dos veces la idea principal.

jugo

Líquido fabuloso

Cada **líquido** es una materia que fluye. Toma la forma del recipiente que lo contiene.

Observa el jugo. Se vierte de la jarra al vaso. Toma la forma de cada recipiente.

Gas gracioso

El **gas** es el único tipo de materia que ocupa todo el espacio del recipiente que lo contiene. No tiene forma propia. El gas de los globos se esparce y ocupa todo su espacio.

burbujas

globos

▶ **¿Qué tipo de materia hay dentro de las burbujas?**

_____

Un hecho cierto

▶ Escribe <u>sí</u> o <u>no</u> en las primeras cuatro columnas. En la última columna, escribe <u>sólido</u> o <u>líquido</u> para clasificar a cada uno.

¿Estos objetos son sólidos o líquidos?

	¿Tiene masa?	¿Ocupa espacio?
limonada	sí	sí
gafas de sol		
detergente para lavar platos		

¿Tiene forma propia?	¿Toma la forma del recipiente?	¿Es un sólido o un líquido?

Resúmelo

① Enciérralo en un círculo

Encierra en un círculo los objetos que sean sólidos.

② Dibújalo

Dibuja algo que sea líquido.

③ Escríbelo

Resuelve la adivinanza.

Soy el tipo
de materia
que está en
los globos de fiesta.
Tengo masa
transparente
que ocupa
los recipientes.
¿Qué soy?

_____

Nombre _____

Juego de palabras

Colorea con rojo todos los sólidos. Colorea con azul todos los líquidos. Colorea con amarillo todos los gases.

Bebidas frías

HIELO

Aplica los conceptos

Escribe para completar la tabla.

Sólidos, líquidos y gases

Tipo de materia	Definición
sólido	• _____ _____
_____	• fluye • toma la forma del recipiente que lo contiene
_____	• ocupa todo el espacio del recipiente que lo contiene

Completa las oraciones

Toda la materia tiene _____

y ocupa _____.

En familia: Pida a su niño que clasifique los objetos como sólidos, líquidos o gases. Pida a su niño que explique las pistas que siguió para clasificar cada objeto.

Para la casa

Nombre _____

¿Cómo se mide la temperatura?

Establece un propósito

Cuenta lo que quieres descubrir.

_____

Piensa en el procedimiento

1 ¿Cómo probarás si los colores claros o los colores oscuros se calientan más rápido?

_____

_____

2 ¿Cómo sabes qué color se calienta más rápido?

_____

_____

Anota tus datos

En esta tabla, anota la temperatura inicial y la temperatura 30 minutos después.

Color	Temperatura inicial	Temperatura 30 minutos después
blanco		
negro		

Saca tus conclusiones

¿Se calientan más rápido los colores claros o los oscuros?

_____

Haz más preguntas

¿Qué otras preguntas sobre la temperatura podrías probar y medir?

_____

_____

_____

Pregunta esencial

¿Cómo cambia la materia?

Ponte a pensar

Halla la respuesta a la pregunta en la lección.

¿Cómo se cambiaron los alimentos para hacer esta jirafa?

_____ .

Lectura con propósito

Vocabulario de la lección

1 Ojea la lección.

2 Escribe aquí los 2 términos de vocabulario.

_____ _____

Hacer un cambio

Toda la materia tiene propiedades. Cada propiedad es una parte que nos dice cómo es algo. Cortar y doblar pueden cambiar las propiedades de la materia. Romper y rasgar también pueden cambiar las propiedades de la materia

Lectura con propósito

Las causas explican por qué sucede algo. Encierra en un círculo los nombres de acciones que causan cambios en las propiedades de la materia.

cortar

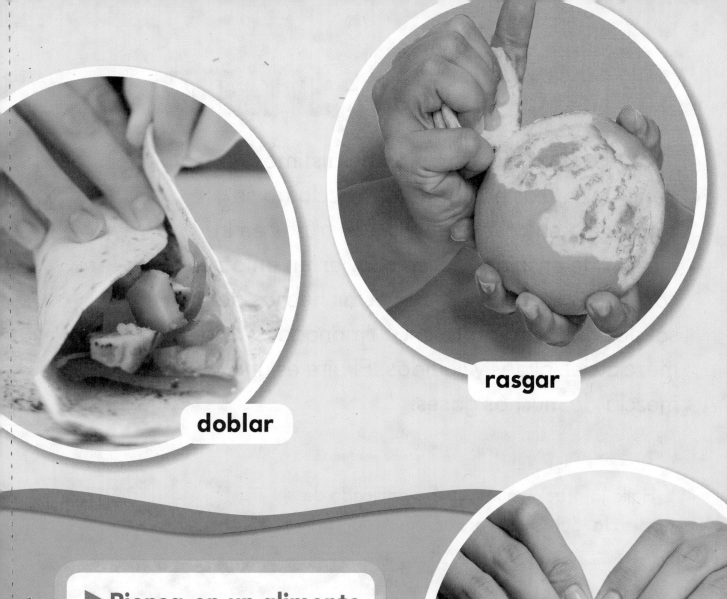

doblar

rasgar

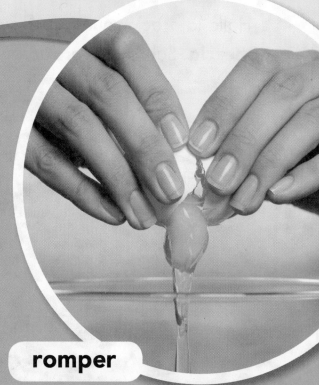

romper

▶Piensa en un alimento. Dibuja una manera en que puedas cambiarlo.

Mezcla y unir

Una **mezcla** es la unión de distintos tipos de materia. Las partes de la mezcla no se convierten en cosas nuevas. Los frutos en la mezcla de ensalada no se convierten en otras cosas. Las mezclas pueden estar hechas de sólidos, líquidos o gases. La limonada es una mezcla de sólidos y líquidos. El aire es una mezcla de muchos gases.

Lectura con propósito

Halla la oración que dice el significado de **mezcla**. Subraya la oración.

fresa

naranja

uva

piña

▶ **Rotula cada parte de la ensalada de frutas. Luego di por qué es una mezcla.**

_____

_____

_____

_____

_____

Revuelve y mira

La materia cambia cuando se disuelve. **Disolver** es mezclar completamente un sólido con un líquido. El azúcar y la sal se disuelven en agua.

Al agregar o quitar calor se cambia la manera en que la materia se disuelve. Ciertas materias se disuelven más rápidamente en agua tibia o caliente.

Muchos líquidos se mezclan cuando los juntamos. Otros, como el aceite y el agua, se separan cuando los juntamos.

▶ **Encierra en un círculo <u>se disuelve</u> o <u>se separa</u> para explicar qué sucede.**

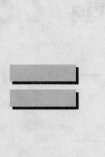
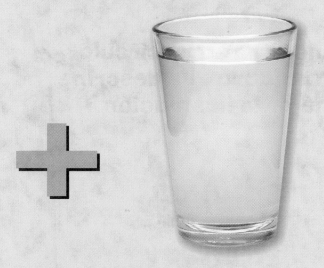

se disuelve   se separa

se disuelve   se separa

Resúmelo

1 Escríbelo

Escribe dos maneras en las que puedes cambiar la materia.

_____

_____

_____

_____

2 Enciérralo en un círculo

Encierra en un círculo la palabra que describe mejor la ilustración.

mezcla   disolver

3 Márcalo

Marca con una X cada objeto que se disuelve en agua.

Nombre _____

Juego de palabras

Escribe la palabra a la que refiere cada conjunto de ilustraciones.

se disuelve	mezcla	se separa

 **+**  **=**

_____

 **+**  **=**

_____

 **+**  **=**

_____

Aplica los conceptos

Escribe una palabra para unir cada conjunto de claves.

mezcla completamente un sólido con un líquido

→

_____

puede suceder más rápidamente en agua tibia o caliente

puede estar compuesta por sólidos, líquidos o gases

→

_____

las partes no se convierten en cosas nuevas

polvo para mezclar

En familia: Pida a su niño que le hable sobre los cambios de la materia. Pídale que señale y describa ejemplos.

Para la casa

Rotafolio de
investigación, pág. 44

Nombre _____

Pregunta esencial

¿Qué se disuelve en el agua?

Establece un propósito
Di lo que quieres descubrir.

_____

_____

Piensa en el procedimiento

1 ¿Cómo sabes cuando una sustancia se disuelve en agua?

_____

2 ¿Por qué predices y repites la actividad con agua fría?

_____

_____

Anota tus datos

Anota tus observaciones en la tabla.

Qué agito	Agua tibia	Agua fría
sal		
azúcar		

Saca tus conclusiones

¿La sal y el azúcar se disolvieron en el agua tibia?

_____

¿Cuál fue la diferencia entre disolver en agua tibia y disolver en agua fría?

_____

Haz más preguntas

¿Qué otras preguntas harías sobre disolver?

_____

_____

¡Alta tecnología!

Tecnología en el salón de clases

Los ingenieros crean la tecnología para satisfacer necesidades y resolver problemas. Hay cosas que no podríamos hacer sin la tecnología.

Observa la ilustración. ¿Para qué te sirven estas cosas de la escuela?

reloj

computadora

tijeras

lápices

sacapuntas

engrapadora

Alta tecnología en casa

También utilizas la tecnología en casa.
Dibuja algo que utilices. Describe para
qué te sirve.

Parte de la base

Haz un objeto mejor. Completa **Rediséñalo: Una
mejor tecnología** en el Rotafolio de investigación.

Repaso de vocabulario

Usa los términos de cada casilla para completar las oraciones.

se disuelve
propiedad
sólido

1. Una parte que explica cómo es algo es una _____.

2. Al mezclar sal con agua, la sal _____.

3. Si el tipo de materia mantiene su forma es un _____.

Conceptos de ciencias

Rellena la burbuja con la letra de la mejor respuesta.

4. ¿En qué se **parece** toda la materia?
   Ⓐ Toda la materia es sólida.
   Ⓑ Toda la materia ocupa espacio.
   Ⓒ Toda la materia está hecha de materiales naturales.

5. Colocas juguetes blandos en una pila. Colocas juguetes duros en otra pila. ¿Cómo los clasificaste?
   Ⓐ por su color
   Ⓑ por su tamaño
   Ⓒ por su textura

6. ¿Qué vaso tiene el agua que está más caliente?

1   2   3

Ⓐ vaso 1

Ⓑ vaso 2

Ⓒ vaso 3

7. ¿Qué tipo de materia ocupa todo el espacio del recipiente que lo contiene?

Ⓐ un gas

Ⓑ un líquido

Ⓒ un sólido

8. Ves varios objetos en una fiesta. ¿Qué objeto es líquido?

Ⓐ el jugo de manzana

Ⓑ una torta

Ⓒ el aire de un globo

9. ¿En qué se disuelve más fácil el azúcar?

Ⓐ en agua fría

Ⓑ en agua helada

Ⓒ en agua tibia

10. ¿Cómo sabes que el material que se vierte es un líquido y no un sólido?

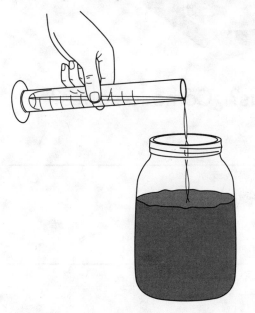

Ⓐ Tiene masa.

Ⓑ Tiene forma propia.

Ⓒ Fluye y toma la forma del recipiente que lo contiene.

11. ¿Cómo cambia la persona la sábana?

Ⓐ La persona derrite la sábana.

Ⓑ La persona dobla la sábana.

Ⓒ La persona corta la sábana.

12. ¿Cuál de las opciones es una mezcla?

Ⓐ uvas

Ⓑ lápices

Ⓒ ensalada

Investigación y La gran idea

Escribe las respuestas de estas preguntas.

13. Estos dos recipientes tenían al comienzo agua a 25 °C.

Ambos quedaron al sol durante 30 minutos.

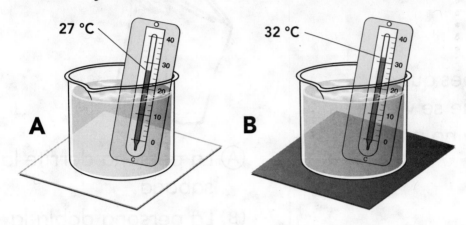

a. ¿Qué recipiente se calentó más? ¿Cómo lo sabes?

_____

b. ¿Por qué sucedió esto?

_____

_____

_____

14. ¿La sal se disuelve en agua? ¿Cómo lo sabes?

_____

_____

_____

Las fuerzas y la energía

La gran idea

Las fuerzas cambian la manera en que los objetos se mueven. El sonido es energía que se escucha.

Pateador de los Colts de Indianápolis

Me pregunto por qué

La pelota cambia de posición cuando el pateador la patea. ¿Por qué?

Da vuelta a la página para descubrirlo.

Por esta razón La pelota cambia de posición debido a la fuerza del pie del pateador.

En esta unidad vas a aprender más de La gran idea, y a desarrollar las preguntas esenciales y las actividades del Rotafolio de investigación.

Niveles de investigación ■ Dirigida ■ Guiada ■ Independiente

Comprueba tu progreso

La gran idea Las fuerzas cambian la manera en que los objetos se mueven.

Preguntas esenciales

¡Ya entiendo La gran idea!

Cuaderno de ciencias

No olvides escribir lo que piensas sobre la Pregunta esencial antes de estudiar cada lección.

© Houghton Mifflin Harcourt Publishing Company (bg) ©Andy Lyons/Getty Images; (inset) ©Rim Light/PhotoLink/Getty; (border) CNDisc/Age Fotostock

Pregunta esencial

¿Cómo se mueven los objetos?

Ponte a pensar

Halla la respuesta a la pregunta en la lección.

Las luces de la noria se ven borrosas cuando están en movimiento.

¿Cómo se mueve esta noria?

_____

Lectura con propósito

Vocabulario de la lección

1 Ojea la lección.

2 Escribe aquí los 2 términos de vocabulario.

_____ _____

Que se muevan las cosas

El paseo de los troncos

¡Mira cómo se mueven las cosas! El **movimiento** es la acción de mover. Cuando algo se mueve, está en movimiento.

Los aviones vuelan rápido. Las tortugas caminan lentamente. La **rapidez** es la medida de lo rápido que se mueve algo.

▶ Encierra en un círculo dos cosas que se muevan rápido. Marca con una X dos cosas que se muevan lentamente.

Práctica matemática

Haz una gráfica de barras

Pam dio tres paseos. Esta gráfica muestra cuánto tiempo esperó ella para cada paseo.

Tiempo de espera

Tiempo en minutos

50
40
30
20
10
0

Carrusel | Tacitas | Columpios

Tipos de paseo

Responde las preguntas con lo que ves en la gráfica.

1. ¿Por cuál de los paseos esperó menos tiempo?

_____

2. ¿Cómo lo expresa la gráfica?

_____

En el paseo de troncos se baja rapidísimo.

Es tu movimiento

Los objetos se mueven de varias maneras.
Pueden moverse en línea recta, en zigzag,
hacia adelante y hacia atrás, o en círculos.

▶ **Traza una raya sobre las líneas punteadas
de abajo para mostrar cómo se mueven
los objetos.**

en línea recta

en zigzag

Lectura con propósito

Un detalle es un hecho acerca de una idea principal. Subraya un detalle. Dibuja una flecha hasta la idea principal a la que se refiere.

hacia adelante y hacia atrás

en círculos

Resúmelo

① Dibújalo

Lee el rótulo de cada casilla.
Dibuja una flecha para mostrar el tipo de movimiento.

hacia adelante y hacia atrás	en zigzag	en círculos	en línea recta

② Enciérralo en un círculo

Mira cada par de objetos.
Encierra en un círculo el que va más rápido.

Nombre _____

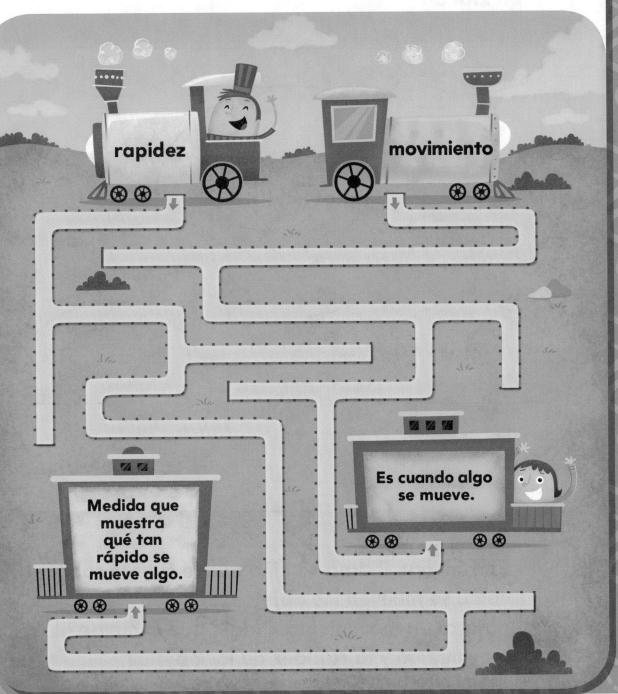

Juego de palabras

Encuentra el camino a través del laberinto para unir la palabra con su significado.

rapidez

movimiento

Medida que muestra qué tan rápido se mueve algo.

Es cuando algo se mueve.

Completa esta red de palabras.

La manera en que se mueven las cosas

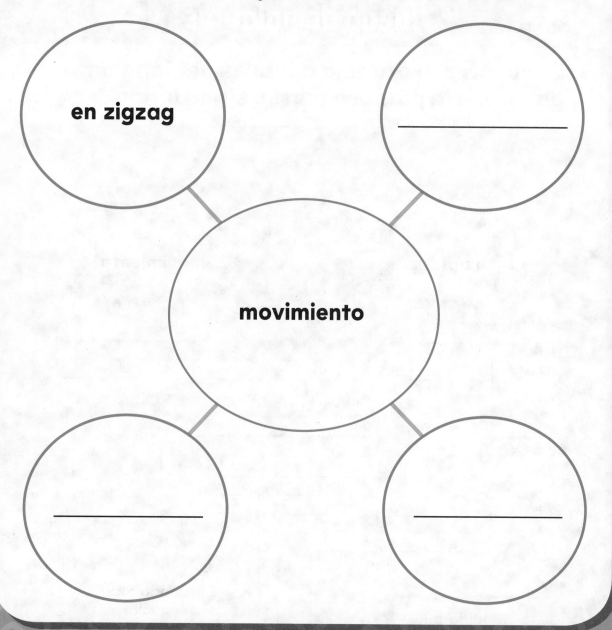

en zigzag

_____

movimiento

_____   _____

Para la casa

En familia: Pida a su niño que le cuente sobre cómo se mueven los objetos. Señalen los objetos en movimiento. Pídale que comente el movimiento y la rapidez de los objetos.

Pregunta esencial

¿Cómo cambiamos la manera en que se mueven los objetos?

Ponte a pensar

Halla la respuesta a la pregunta en la lección.

¿En qué se parecen empujar un columpio y halar un vagón?

Tanto empujar como halar son

_____ .

Lectura con propósito

Vocabulario de la lección

1 Ojea la lección.

2 Escribe aquí los tres términos de vocabulario.

_____   _____

_____

A pura fuerza

¿Por qué se mueve el vagón? La niña lo está empujando. **Empujar** es mover un objeto para alejarlo de ti. El niño hala el vagón. **Halar** es mover un objeto hacia ti.

Empujar y halar son fuerzas. La **fuerza** es lo que hace que un objeto se mueva o se detenga. Cuando la niña y el niño empujan o halan, el vagón comienza a moverse.

▶ **Dibújate empujando algo.**

▶ **Dibújate halando algo.**

Halla la oración que dice el significado de
fuerza. Luego subraya la oración.

El uso de la fuerza

Mira las ilustraciones. ¿Cómo es que la fuerza mueve una pelota? La fuerza cambia la manera en que se mueven los objetos. Puede cambiar la rapidez o la dirección de una pelota.

Cambio de rapidez

La fuerza cambia la rapidez de los objetos. Puede hacer que algo comience a moverse o se detenga. Y puede hacer que algo vaya más rápido o más despacio.

▶ **¿Qué le sucederá a la pelota?**

_____

_____

Al patear una pelota haces que se mueva o que vaya más rápido.

Puedes atrapar
una pelota para
detenerla.

▶ Describe cómo cambia el movimiento del carro.

1

2

3

1 _____

2 _____

3 _____

¿Cuál es tu posición?

Mira las ilustraciones. Las cosas se están moviendo hacia arriba y hacia abajo. Se mueven hacia dentro y hacia fuera. Las palabras de posición te dicen dónde se halla algo. Estas son algunas palabras de posición: **dentro, fuera, arriba, abajo, izquierda** y **derecha**.

Una fuerza puede mover algo hasta una nueva posición.

Lectura con propósito

Un detalle es un hecho acerca de una idea principal. Subraya un detalle y dibuja una flecha hasta la idea principal a la que se refiere.

arriba

abajo

dentro

fuera

Un paso hacia adelante

Piensa que estás empujando a un amigo en un columpio. Tu amigo se aleja y luego regresa. Las fuerzas pueden mover cosas hacia ti o lejos de ti. Una fuerza puede cambiar la dirección de un objeto.

▶ **Explica cómo cambia la dirección de este columpio.**

_____

_____

_____

¿Por qué se mueven esos vagones?

¡Las montañas rusas son divertidísimas! Suben y bajan, rápido y lento, una y otra vez. Quienes van en el paseo gritan por los cambios de dirección y de rapidez. ¿Por qué se mueven los vagones de las montañas rusas?

Un motor hala la cadena. La cadena hala los vagones hasta la cima de la primera montaña.

La gravedad es la fuerza que hala los vagones hacia abajo. La gravedad es la fuerza que atrae las cosas hacia la Tierra.

▶ ¿Qué hala los vagones colina abajo?

_____

Resúmelo

① Resuélvelo

Escribe la palabra que resuelve la adivinanza.

Muevo las ruedas de todos los carros. Todos los días empujo o halo.

¿Qué soy?

_____

② Enciérralo en un círculo

Las fuerzas cambian los objetos. Encierra en un círculo los tipos de cambios.

rapidez   color

tamaño   dirección

forma

③ Rotúlalo

Escribe empujar o halar para rotular cada ilustración.

_____   _____

Nombre _____

Juego de palabras

Completa la carta con estas palabras.

rapidez	empujar	fuerza	halar

Querida Jen:

Nos mudamos a nuestra nueva casa. Mi padre condujo la camioneta de la mudanza. Él se aseguró de no conducir con mucha _____.

¡Mudarse es difícil! Tuve que _____ cajas todo el día. Tuve que hacer mucha _____ para mover mi caja de juguetes. Mi padre tuvo que _____ la caja mientras mi hermano la empujaba.

Tu amiga,

Amy

Aplica los conceptos

Completa la tabla. Escribe una palabra en cada espacio en blanco.

Causa	Efecto
fuerza	mueve una _____.
fuerza	hace que un vagón se mueva _____.
fuerza	Empuja un columpio y lo _____ de ti.
fuerza	mueve un libro a una nueva _____ en el estante.

Para la casa

En familia: Pida a su niño que le cuente sobre las fuerzas y el movimiento. Pida que su niño señale ejemplos de empujar y halar, y que le explique cómo esas fuerzas cambian el movimiento.

1 Es conocido por observar una manzana que caía de un árbol.

2 Escribió sus tres Leyes del movimiento.

4 cosas que debes saber sobre Isaac Newton

3 Por sus leyes podemos comprender por qué las cosas se mueven como lo hacen.

4 Es uno de los científicos más importantes de la historia.

Objetos en movimiento

▶ Recuerda lo que sabes sobre Isaac Newton. Luego, escribe la respuesta a cada pregunta.

¿Qué escribió Isaac Newton después de ver cómo la manzana caía del árbol?

_____

_____

¿Por qué es tan famoso Isaac Newton?

_____

_____

¿Qué nos dicen las tres leyes del movimiento?

_____

_____

Nombre _____

¿Cómo cambiamos el movimiento?

Establece un propósito

Di lo que quieres descubrir en esta actividad.

_____

_____

Piensa en el procedimiento

1 ¿Qué quieres hacer con el cubo?

_____

2 Haz una lista de algunas ideas de cómo empujar el cubo.

_____

_____

3 Haz una lista de algunas ideas de cómo halar el cubo.

_____

Anota tus datos

Escribe o dibuja para mostrar lo que hiciste.

Acción	Lo que hice
empujar	
halar	

Saca tus conclusiones

¿Cómo cambian el movimiento del cubo la cuerda, la pajilla y el palito?

_____

_____

_____

Haz más preguntas

¿Qué otras preguntas tienes acerca de cómo cambiar el movimiento de un cubo?

_____

_____

_____

Pregunta esencial

¿Qué es el sonido?

© Houghton Mifflin Harcourt Publishing Company (bg) QuarBo Studio Inc./Corbis

Ponte a pensar

Halla la respuesta a la pregunta en la lección.

¿Qué tipo de sonido produce este carro de policía?

un sonido _____

Lectura con propósito

Vocabulario de la lección

1 Ojea la lección.

2 Escribe aquí los 4 términos de vocabulario.

_____ _____

_____ _____

Sonidos a nuestro alrededor

Escucha. ¿Qué oyes? ¿Alguien habla?
¿Es el golpeteo de un lápiz? Ambos son sonidos.
El **sonido** es un tipo de energía que escuchas.

Lectura con propósito

Halla la oración que dice el significado de
sonido. Subraya la oración.

El sonido se produce cuando un objeto vibra. **Vibrar** es moverse rápidamente hacia adelante y hacia atrás.

Las cuerdas de una guitarra vibran cuando las punteas.

La parte superior de un tambor vibra cuando la golpeas.

▶ **Tócate la garganta y haz un zumbido. ¿Qué sucede?**

_____

Fuerte o suave

Unos sonidos son fuertes y otros sonidos son suaves. La **intensidad** es qué tan fuerte o suave es un sonido. Un sonido fuerte puede hacer que te tapes los oídos. Un sonido suave puede ser difícil de escuchar.

Lectura con propósito

Cuando se contrastan cosas, buscas maneras en las que se diferencian. Dibuja un triángulo alrededor de dos cosas que se contrasten.

Los instrumentos producen sonidos fuertes o sonidos suaves. Su intensidad cambia según cómo los toques. El tambor produce un sonido fuerte si lo golpeas fuerte.

tono alto

tono bajo

Unos sonidos son altos y otros sonidos son bajos. El tono es qué tan alto o bajo es un sonido.

▶**Observa el xilófono.**

1. **¿Qué barras tienen un tono bajo?**

   las barras _____

2. **¿Qué barras tienen un tono alto?**

   las barras _____

¡Escucha!

El sonido es importante en la vida cotidiana. Hay sonidos que dan información. Las gente se habla para entender las cosas. Cuando un perro ladra es porque alguien viene. Los sonidos también pueden advertirnos de algo. Los detectores de humo nos advierten en caso de incendio.

¿Qué te dicen estos sonidos?

Marca con una X la foto que te dice que alguien está en la puerta.

Resúmelo

1 Márcalo

Encierra en un círculo el lugar donde se hace silencio. Marca con una X el lugar donde se hace ruido.

2 Elígelo

Encierra en un círculo la campana que tiene el tono más alto.

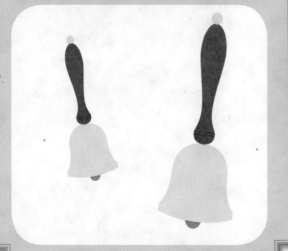

3 Dibújalo

Dibuja un objeto que produzca un sonido de advertencia.

Nombre _____

Juego de palabras

Ordena la palabra para completar cada oración.

tono	sonido	vibrar	intensidad

1. nisood   Un ___ ___ ___ ___ ___ ___ es un tipo de energía que se escucha.

2. ravibr   ___ ___ ___ ___ ___ ___ es moverse rápidamente hacia adelante y hacia atrás.

3. dadinsiten La ___ ___ ___ ___ ___ ___ ___ ___ ___ ___ de un sonido es qué tan fuerte o suave es.

4. ntoo   El ___ ___ ___ ___ de un sonido es qué tan alto o bajo es.

Aplica los conceptos

Completa la tabla

1.

Tipo de sonido	Ejemplo
fuerte	martilleo
suave	
alto	ave que pía
bajo	

Responde la siguiente pregunta

2. ¿Qué sonido de advertencia has escuchado?
Escribe una oración sobre uno de ellos.

_____

_____

_____

En familia: Salga a dar un paseo con su niño.
Pídale a su niño que describa la intensidad y
el tono de los sonidos que escuchen.

Para la casa

Rotafolio de
investigación, pág. 50

Nombre _____

Pregunta esencial

¿Cómo se produce el sonido?

Establece un propósito
Di lo que quieres descubrir.

_____

_____

Piensa en el procedimiento
❶ ¿Cómo usarás el teléfono?

_____

_____

❷ ¿Qué harán con la cuerda mientras hablen?

_____

_____

405

Anota tus datos

Escribe en la tabla para decir qué escuchaste.

¿Cómo mantuvimos la cuerda?	Qué escuchamos
tensa	
floja	

Saca tus conclusiones

¿Qué inferiste que sucedería cuando mantuviste floja la cuerda? ¿Por qué crees que el sonido cambió?

_____

_____

_____

Haz más preguntas

¿Qué otras preguntas podrías hacer sobre el teléfono con vasos y cuerda?

_____

_____

Volar al cielo

El primer vuelo

Wilbur y Orville Wright eran hermanos e inventores. Volaron el primer aeroplano. Primero hicieron diseños de su aeroplano. Después lo construyeron. Luego lo pusieron a prueba. Y después de varios intentos, el aeroplano voló. El vuelo duró solo 12 segundos.

Este es uno de los aviones de los hermanos Wright.

Los aviones actuales pueden volar mucho más lejos y tienen más partes.

S.T.E.M.
continuación

Partes de un avión

Cada parte de un avión cumple una función. Se eleva porque tiene alas. La cola hace que vuele derecho. Las aspas mueven el avión hacia adelante.

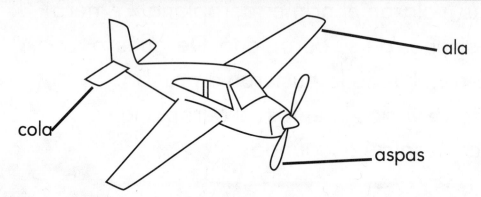

Mira la ilustración del avión para responder las preguntas.

1 ¿Qué parte hace que el avión vuele derecho? Enciérrala en un círculo.

2 ¿Qué sucedería si faltaran las alas del avión? Explica.

_____

_____

Parte de la base

Construye tus propios aviones de papel. Completa **Constrúyelo: Aviones de papel** en el Rotafolio de investigación.

Repaso de vocabulario

Completa las oraciones con los términos de la casilla.

> movimiento
>
> tono
>
> empujar

1. Aplicar una fuerza que aleja los objetos de ti es

   _____.

2. Cada sonido es alto o bajo por el

   _____ del sonido.

3. Si algo se mueve, está en

   _____.

Conceptos de ciencias

Rellena la burbuja con la letra de la mejor respuesta.

4. ¿Cuál de estas fuerzas es un empuje?

   Ⓐ levantar una bolsa

   Ⓑ abrir una gaveta

   Ⓒ batear una pelota

5. ¿Qué es la rapidez?

   Ⓐ la medida que muestra qué tan rápido se mueve algo

   Ⓑ la medida que muestra las maneras en que se mueve algo

   Ⓒ la medida que muestra dónde está algo

6. ¿Cuál se mueve más rápido?

Ⓐ

Ⓑ

Ⓒ

7. Necesitas algo para golpear una pelota y que pase sobre una red. ¿Qué pregunta te deberías hacer?

Ⓐ ¿De qué material está hecha la pelota?

Ⓑ ¿Qué objeto le daría fuerza a la pelota?

Ⓒ ¿De qué color son la pelota y el objeto?

8. Una jugadora atrapa la pelota con la mano. ¿Qué le aplica una fuerza a la pelota?

Ⓐ la propia pelota

Ⓑ la mano de la jugadora

Ⓒ los ojos de la jugadora

9. Hay una pelota colgando de una cuerda. Halas la pelota hacía atrás y la sueltas. ¿Qué tipo de movimiento hace la pelota?

Ⓐ hacía adelante y hacía atrás

Ⓑ da la vuelta

Ⓒ línea recta

10. ¿Qué puede hacer una fuerza?

Ⓐ detener un objeto

Ⓑ mover un objeto

Ⓒ mover o detener un objeto

11. ¿Cómo se produce el sonido en este instrumento?

Ⓐ El mango vibra.

Ⓑ Las cuerdas vibran.

Ⓒ La madera vibra.

12. ¿Qué palabras describen cómo una fuerza cambia la posición de un objeto?

Ⓐ rápido o lento

Ⓑ derecha o izquierda

Ⓒ corto o largo

Investigación y La gran idea

Escribe las respuestas de estas preguntas.

13. ¿Por qué la campana produce un sonido cuando la tocan?

_____

14. Observa la ilustración.

a. ¿Qué tipo de fuerza se aplica a la pelota?

_____

_____

b. Escribe dos cosas que la fuerza puede hacer cambiar en la pelota.

_____

Glosario interactivo

Este Glosario interactivo te servirá para aprender a escribir los términos del vocabulario. Cada término está acompañado de su definición y una ilustración con la que padrás comprender mejor lo que significa el término.

Cuando veas la flecha **Ahora tú**, escribe la definición en tus propias palabras o haz tu propia ilustración para recordar lo que significa el término.

A

anfibios
Grupo de animales cuya vida comienza en el agua. La mayoría de los anfibios adultos vive en la tierra. (pág. 113)

arroyo
Cuerpo pequeño de agua corriente. (pág. 226)

Ahora tú

Glosario interactivo

aumentar
Hacer que algo se vea más grande. (pág. 298)

Ahora tú →

aves
Grupo de animales que tienen el cuerpo cubierto de plumas y también tienen alas. La mayoría de las aves vuelan. (pág. 111)

B

branquias
Parte con la que los peces toman el oxígeno del agua. (pág. 95)

branquias →

C

cadena alimentaria

Recorrido que muestra cómo pasa la energía de las plantas a los animales.
(pág. 182)

D

destrezas de investigación

Destrezas que te sirven para descubrir información.
(pág. 18)

comparar

observar

Ahora tú

Glosario interactivo

disolver
Mezclar completamente un sólido con un líquido. (pág. 356)

estación
Época del año en la que hay un tipo de tiempo determinado.
Las cuatro estaciones son primavera, verano, otoño e invierno. (pág. 274)

empujar
Mover un objeto para alejarlo de ti. (pág. 380)

Ahora tú

estrella

Objeto en el cielo que emite su propia luz. El Sol es la estrella más cercana a la Tierra. (pág. 294)

flor

Parte de la planta que produce las semillas. (págs. 147, 160)

fruto

Parte de la planta que contiene las semillas. (pág. 147)

F

fases

Las formas que ves de la Luna a medida que se mueve. (pág. 309)

Glosario interactivo

fuerza
Lo que hace que un objeto se mueva o se detenga. (pág. 380)

halar
Mover un objeto hacia ti. (pág. 380)

gas
Tipo de materia que ocupa todo el espacio del recipiente que lo contiene. (pág. 343)

hecho por el hombre
Fabricado por científicos. El plástico y el nailon se fabrican primero en un laboratorio. (pág. 66)

hoja

Parte de la planta que produce su alimento. Las hojas producen alimento con la luz, el aire y el agua. (pág. 146)

insecto

Tipo de animal cuyo cuerpo está formado por tres partes y seis patas. (pág. 115)

Ahora tú

I

ingeniero, ra

Alguien que aplica las matemáticas y las ciencias para resolver problemas. (pág. 48)

instrumentos científicos

Son los que sirven para obtener información sobre las cosas. (pág. 8)

Glosario interactivo

intensidad
Qué tan fuerte o suave es un sonido. (pág. 398)

investigación
La prueba que hacen los científicos. (pág. 30)

Ahora tú →

lago
Cuerpo de agua dulce rodeado completamente por tierra. (pág. 227)

líquido
Tipo de materia que fluye y toma la forma del recipiente que lo contiene. (pág. 342)

M

Luna
Gran esfera o bola de roca en el cielo. (pág. 296)

mamíferos
Grupo de animales que tienen el cuerpo cubierto de pelo o pelaje. (pág. 110)

luz solar
Luz que proviene del Sol. (pág. 132)

Ahora tú

Glosario interactivo

masa
La cantidad de materia que contiene un objeto. (pág. 340)

materiales
Elementos de que está hecho un objeto. (pág. 64)

materia
Cualquier cosa que ocupa espacio. (págs. 326, 340)

medioambiente
Todos los seres vivos y no vivos que están en un lugar. (pág. 88, 176)

Ahora tú

mezcla

Unión de distintos tipos de materia. (pág. 354)

Ahora tú

movimiento

Acción de mover. Cuando algo se mueve, está en movimiento. (pág. 372)

N

natural

De la naturaleza. Los materiales naturales se encuentran en la naturaleza. (pág. 66)

Glosario interactivo

nutrientes
Las cosas que hay en suelo que ayudan a que la planta crezca. (pág. 134)

patrón del tiempo
Cambio de tiempo que se repite. (pág. 274)

O

océano
Cuerpo grande de agua salada. (pág. 228)

Ahora tú →

peces

Grupo de animales que viven en el agua y obtienen oxígeno a través de las branquias. Tienen el cuerpo cubierto de escamas y nadan con aletas. (p. 114)

peso

Lo pesado que se siente un objeto. (pág. 330)

piña (de árbol)

Parte que contiene las semillas en las plantas sin flores. (pág. 161)

polución

Desperdicios que le hacen daño a la tierra, al agua y al aire. (pág. 238)

proceso de diseño

Plan con los pasos que siguen los ingenieros para hallar soluciones. (pág. 49)

Ahora tú

Glosario interactivo

propiedad

Parte que nos explica cómo es algo. El color, el tamaño y la forma son propiedades.
(págs. 212, 328)

Ahora tú

rapidez

Medida que muestra qué tan rápido se mueve algo.
(p. 372)

R

raíz

Parte de la planta que la mantiene en su lugar. Las raíces absorben agua.
(pág. 144)

reciclar

Usar los materiales de las cosas viejas para hacer cosas nuevas. (pág. 242)

recurso natural

Cualquier cosa de la naturaleza que puedan usar las personas. (p. 200)

Ahora tú

refugio

Lugar donde un animal está protegido. (pág. 96, 176)

reducir

Usar menos cantidad de un recurso. (pág. 242)

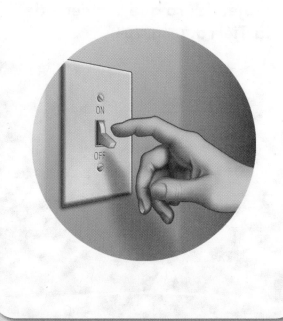

reproducir(se)

Producir nuevos seres vivos del mismo tipo. (p. 84)

Glosario interactivo

reptiles
Grupo de animales de piel seca cubierta de escamas. (pág. 112)

Ahora tú

río
Cuerpo grande de agua corriente. (pág. 226)

reutilizar
Volver a usar un recurso. (pág. 242)

roca
Objeto duro que proviene de la Tierra. (pág. 204)

S

semilla

Parte de la planta de la que crecen nuevas plantas. (p. 147)

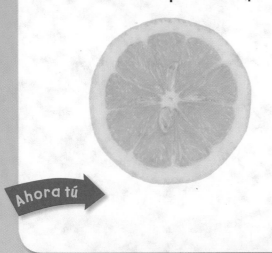

Ahora tú

seres no vivos

Seres que no tienen vida. No necesitan alimento, ni agua, ni aire. No crecen ni cambian. (pág. 86)

sentidos

Son la manera en que conoces el mundo. Los cinco sentidos son la vista, el oído, el olfato, el gusto y el tacto. (pág. 4)

seres vivos

Seres que tienen vida. Las personas, los animales y las plantas son seres vivos porque necesitan alimento, agua, aire y espacio para vivir. Crecen, cambian y se reproducen. (pág. 84)

Glosario interactivo

Sol
Estrella más cercana a la Tierra. (pág. 294)

sombra
Lugar oscuro que se produce donde un objeto bloquea la luz. (pág. 307)

sólido
El único tipo de materia que mantiene su forma. (pág. 342)

Ahora tú

sonido
Tipo de energía que escuchas. (pág. 396)

suelo

Capa superior de la Tierra. Está compuesto por pedacitos de roca y seres que alguna vez estuvieron vivos. (págs. 134, 205)

telescopio

Instrumento que aumenta el tamaño con que se ven los objetos del cielo. (pág. 298)

T

tallo

Parte que sostiene a la planta. (p. 145)

temperatura

Medida que muestra qué tan caliente o frío está algo. (págs. 260, 331)

Ahora tú

Glosario interactivo

textura
Cómo se siente un objeto al tacto. (págs. 216, 328)

tiempo
Estado del aire libre. (pág. 258)

tono
Qué tan alto o bajo es un sonido. (pág. 399)

V

vibrar
Moverse rápidamente hacia adelante y hacia atrás. (pág. 397)

viento
Aire que se mueve. (pág. 258)

Ahora tú

Índice

Índice

ingenieros, 48–49

insectos, 115

instrumentos científicos, 8–9

instrumentos, 105–106

intensidad, 398–399

invernaderos, 167–168

investigación científica, 18–23. *Ver también*
Destrezas de investigación

anota tus datos, 16, 28, 60, 74, 120, 142, 166, 190, 222, 224, 268, 316, 350, 362, 394, 406

establece un propósito, 15, 27, 59, 73, 119, 141, 165, 189, 221, 223, 267, 315, 349, 361, 393, 405

haz más preguntas, 16, 28, 60, 74, 120, 142, 166, 190, 222, 224, 268, 316, 350, 362, 394, 406

piensa en el procedimiento, 15, 27, 59, 73, 119, 141, 165, 189, 221, 223, 267, 315, 349, 361, 393, 405

saca tus conclusiones, 16, 28, 60, 74, 120, 142, 166, 190, 222, 224, 268, 316, 350, 362, 394, 406

investigación. *Ver*
Investigación científica

investigaciones, 30

lagos, 227

Lectura con propósito. *Ver* Destrezas de lectura

limpiaparabrisas, 39–40

linternas, 317–318

líquidos, 342, 344–345

Luna, 291, 296, 308–309

lupa, 8

luz solar
en la cadena alimentaria, 182
en medio ambiente de océano, 177

mamíferos, 110

mañana, 306

masa, 340

mascotas, 100–101

materia, 326–333, 352–357
cambios en, 352–353
disolver, 356–357
gases, 343

líquidos, 342, 344–345
masa y, 340–341
mezclas, 354–355
propiedades de, 328–333, 352
sólidos, 342, 344–345

materiales
cotidianos, 68–69
hechos por el hombre, 66–67
naturales, 66–67, 153
objetos y, 64–65

materiales hechos por el hombre, 66–67

materiales naturales, 66–67

medio ambientes, 88–89, 176–181
bosque tropical, 178
desierto, 179
océano, 177, 228–229
pradera, 181
tundra, 180

mediodía, 307

medir, 10–11, 19

meteorólogo, 271

mezclas, 354–355

montaña rusa, 386–387

movimiento, 372–375
fuerza y, 380–383, 385
rapidez y, 372, 382–383
tipos de, 374–375

Museo de los niños, Indianápolis

Índice

Índice